墨香财经学术文库

"十二五"辽宁省重点图书出版规划项目

新疆财经大学博士启动基金项目（2014BS027）　　　资助

新疆维吾尔自治区普通高等学校人文社会科学基地
新疆企业发展研究中心招标课题（050212C11）　　　资助

An Empirical Study on Changes
of Income Statement and Value Relevance

盈余报告变迁与盈余价值相关性研究

陈继萍　◎ 著

东北财经大学出版社
Dongbei University of Finance & Economics Press　　大连

图书在版编目（CIP）数据

盈余报告变迁与盈余价值相关性研究 / 陈继萍著. 一大连：东北财经大学出版社，2019.3

（墨香财经学术文库）

ISBN 978-7-5654-3469-3

Ⅰ．盈⋯ Ⅱ．陈⋯ Ⅲ．上市公司－企业利润－研究－中国 Ⅳ．F279.246

中国版本图书馆 CIP 数据核字（2019）第 032263 号

东北财经大学出版社出版发行

　　大连市黑石礁尖山街217号　邮政编码　116025

　　网　　址：http：//www.dufep.cn

　　读者信箱：dufep @ dufe.edu.cn

大连永盛印业有限公司印刷

幅面尺寸：170mm×240mm　字数：151千字　印张：10.5　插页：1

2019年3月第1版　　　　　2019年3月第1次印刷

责任编辑：李　栋　周　慧　　责任校对：王　莹　冯志慧　孟　鑫

封面设计：冀贵收　　　　　　版式设计：钟福建

定价：36.00元

前言

　　反映企业一定期间经营成果的盈余报告一直是投资者及其他利益相关者关注的焦点。而近二十年来国际会计准则理事会（IASB）一直在对盈余报告进行深刻改革。中国作为新兴市场国家兼转型经济国家，应及时向 IASB 反映本国的特殊会计问题，以趋同与互动并举来推进中国企业会计准则建设，争取国际财务报告准则制定话语权，以维护中国经济长期平稳可持续发展。因此本书以盈余报告变迁为主线，研究盈余价值相关性问题。具体而言作者作了如下工作：

　　第一，试图检验实际已发生的盈余报告变迁对盈余价值相关性的影响，为评价准则变迁和实施效果提供反馈意见。因此，作者选取了在盈余报告变迁过程中变化最大的两个项目——综合收益和营业利润，运用档案研究方法对他们进行相对和增量价值相关性检验。

　　第二，试图检验以"一因一果型完全对应"式分类列报为核心的盈余报告变迁动向对盈余价值相关性的影响，为盈余报告后续变革提供经验证据。因此，本书以 IASB 和 FASB 联合发布的《关于财务报表列报初步意见（征求意见稿）》为依据，采用实验研究方法，对盈余报告分类列报实施效果进行事先检验。

通过研究，作者得出以下主要结论：

第一，基于综合收益视角，研究盈余报告变迁对盈余价值相关性的影响时，发现在我国资本市场中净收益和综合收益均具有价值相关性，但前者优于后者。在进一步的分年度回归中，有证据表明其他综合收益相对于净收益而言，具有正向增量价值相关性。上述结果显示，已有微弱的证据证明在中国资本市场综合收益的价值相关性正在逐年增强。同时，我们还选取了同期间在沪深市场同时发行 A 股和 B 股的上市公司以及中国香港资本市场中的 A+H 股上市公司数据进行对比，发现综合收益的价值相关性均优于净利润。这进一步证实了综合收益的优越性，只是在我国资本市场现行条件下，受信息披露制度进程、外部资本市场监管机制、投资者捕捉信息的动机和能力限制等因素制约，综合收益的价值相关性有待进一步挖掘。

第二，基于营业利润视角，研究盈余报告变迁对盈余价值相关性的影响时，作者在营业利润的基础上，自行构造"经营盈余"项目和"已实现盈余"项目，并证实"已实现盈余"具有更高的价值相关性，同时投资收益、公允价值变动损益和资产减值损失具有增量价值相关性。因此，建议在分步式列报的利润表中，在"营业利润"项目之前增设"已实现盈余"项目，以提高盈余的价值相关性。

第三，基于盈余报告变迁动向，检验分类列报对盈余价值相关性影响时，发现分类列报将业务活动与财务结果间的"多因一果型模糊对应"发展为业务活动与相应资源配置及运行效率间的"一因一果型完全对应"，提高了盈余的价值相关性。但分类时引入的"管理层法"，可能增加管理层操纵的风险，降低信息的可靠性。因此，分类列报方式有效提高盈余价值相关性的前提是对"管理层法"辅以相应的操作指南，尽可能发挥其优点，抑制其缺陷，推行分类列报方式才有现实意义。

通过研究，本书可能在以下方面实现了如下创新：

第一，基于不同市场检验综合收益的价值相关性，保证了研究结论的可靠性。同时，丰富了不同市场间和不同准则下综合收益价值相关性方面的研究。

第二，通过对营业利润的合理分解，提高了盈余价值相关性。建议在分步式列报的利润表中，在"营业利润"项目之前增设"已实现盈余"项目，以提高盈余价值相关性。

第三，采用实验研究方法对尚未在实务中执行的"一因一果型完全对应"式分类列报模式进行事先检验，为分类列报改革提供了经验证据。

本书由陈继萍副教授完成，并得到新疆财经大学博士启动基金项目（2014BS027）和新疆维吾尔自治区普通高等学校人文社会科学基地新疆企业发展研究中心招标课题（050212C11）的资助。中央财经大学李爽教授、新疆财经大学姜锡明教授、王秀丽副教授和胡梅副教授，在本书构思和写作的不同阶段都提供了宝贵的修改意见。硕士研究生史雪洁、李顺利参与了参考文献的收集与排序工作。在此对他们的帮助深表感谢！同时，也特别感谢本书引用成果的所有作者！最后，感谢东北财经大学出版社编辑们的辛勤付出！

作　者

2018 年 12 月

▋目录

第 1 章　导论

　　导论部分主要阐述本书的选题背景与研究意义，界定本书的研究目标与研究架构，对研究思路、内容与研究方法进行说明，最后指出本书的创新与不足。

1.1　研究背景与研究意义

1.1.1　研究背景

　　反映企业一定期间经营成果的盈余报告一直是市场投资者及其他利益相关者关注的焦点。而近年来国内外都在对盈余报告进行深刻改革。

　　1992 年 10 月，英国会计准则委员会（ASB）发布第 3 号财务报告准则《财务报告业绩》（FRS 3），要求企业编报"全部已确认利得和损失表"，率先进入了"第四张财务报表"时代。1997 年 6 月，美国财务会计准则委员会（FASB）正式发布了财务会计准则第 130 号《报告综合收益》（FAS 130），要求企业必须披露综合收益信息。同年，国际会计准则委员会（IASC）发布了修订后的《国际会计准则第 1 号——财务报表列报》（IAS 1），要求企业必须披露综合收益信息。2001 年 4 月，国际会计准则理事会（IASB）取代 IASC 后，继续采用并修订 IAS 1。2004 年，IASB 与 FASB 开始联合推进该项目，并于 2007 年 9 月发布修订的 IAS 1，将损益表改为综合收益表，明确了综合收益披露要求。2011 年 6 月，IASB 发布《其他综合收益项目的列报》，将其他综合收益划分为"后续期间在满足特定条件时将重分类计入损益的项目"和"后续期间不能重分类计入损益的项目"，并要求分两类区别列报。

而我国在 1992 年年底，才正式确立社会主义市场经济体制，内资企业市场经济体制下的第一份盈余报告才诞生。在随后的十多年里，盈余报告在"收入费用观"理念的指导下不断进行修正和完善。为顺应我国日益成熟的市场环境和世界经济一体化的潮流，2006 年 2 月 15 日我国颁布了新的《企业会计准则》，盈余报告也开始发生巨大变化。首先，在"资产负债观"理念的指导下，盈余报告开始突破收益实现原则的束缚，单独确认"资产减值损失"，新增"公允价值变动收益"，并将这两项纳入营业利润反映。其次，开始引入综合收益概念，但此时综合收益和其他综合收益只是在所有者权益变动表中进行披露。2009 年 6 月 23 日，财政部发布了《企业会计准则解释第 3 号》，要求企业从 2009 年开始在利润表"每股收益"项目下增列"其他综合收益"项目和"综合收益总额"项目。这是我国第一次以准则的形式明确了综合收益概念。这一系列变革顺应了 IASB 和 FASB 对盈余报告的改革趋势，强化了"综合收益"概念。2014 年 1 月 26 日，财政部对《企业会计准则第 30 号——财务报表列报》进行了修订，首次在准则中定义了综合收益和其他综合收益两个概念，并明确了"其他综合收益"需要按照是否能重分类进"损益"进一步划分为"以后会计期间不能重分类进损益的其他综合收益项目"和"以后会计期间在满足规定条件时将重分类进损益的其他综合收益项目"两类区别列报。2017 年 12 月 25 日和 2018 年 6 月 15 日，财政部又发布了相关通知对企业财务报表格式进行修订和完善。

国际会计准则和中国会计准则对盈余报告列报的不断改革，为作者研究盈余价值相关性创造了得天独厚的条件。

1.1.2 研究意义

（1）理论意义

第一，本书通过对相关理论的解读和诠释，运用经验研究方法检验了我国盈余报告从"收入费用观""当期营业观"向"资产负债观""综合收益观"转换进程中盈余价值相关性的变化。通过系统的研究，丰富相关领域现有的文献，具有一定的理论价值。

第二，本书重点关注了以反映业务活动与相应资源配置及运行效率的"一因一果型完全对应"式分类列报为核心的财务报表列报改革，并通过实验研究方法对其实施效果进行事先检验，为该领域的研究提供了经验证据。由于该"一因一果型完全对应"式分类列报尚未实施，以往文献主要集中在该分类列报的可行性、优劣分析及实施的路径安排上，直接研究其实施效果的文献还非常少。而对实施效果的科学检验，有助于更好地推进财务报表分类列报的研究。

（2）现实意义

2006年以来，我国盈余报告发生了一系列深刻而长远的变化，这既是满足经济发展的内在需要，也是顺应会计准则国际趋同的外在诉求。在这一大背景下，我国盈余报告改革面临着复杂而艰巨的任务。这次改革是否达到预期效果？受到哪些因素的制约？如何进行改进？这些都是我们关注的问题。同时，我国及国际会计准则机构都已基本完成以综合收益列报为目标的盈余报告改革，有关分类列报改革成为新的关注点。

中国作为世界上最大的新兴市场国家兼转型经济国家，应及时向IASB反映本国的特殊会计问题，以趋同与互动并举来推进中国企业会计准则建设，争取国际财务报告准则制定话语权，以维护中国经济长期平稳可持续发展。本书通过研究中国资本市场上盈余报告实际发生的变迁和未来变迁动向带来的影响，可以为国际准则的修改提出符合中国国情的建议，具有一定的现实意义。

1.2 研究目标与研究架构

1.2.1 研究目标

近年来,盈余报告发生的一系列变化为学术界研究盈余价值相关性创造了天然的条件和场所。本书将研究视角定位在盈余报告变迁对盈余价值相关性的影响上,希望通过研究实现以下目标:

第一,检验实际已发生的盈余报告变迁对盈余价值相关性的影响,为评价准则变迁和实施效果提供反馈意见;

第二,检验盈余报告变迁动向对盈余价值相关性的影响,为盈余报告的后续变革提供经验数据。

1.2.2 研究框架

本书以盈余报告变迁为主线,从实际已发生的变迁和变迁动向两个角度研究其对盈余价值相关性的影响。其中,对于盈余报告实际已发生的变迁,又选取了变化最大的"综合收益"项目和"营业利润"项目进行相对价值相关性研究和增量价值相关性研究。总体研究框架如图 1-1 所示。

遵循上述研究架构,本书的内容安排如下:

第 1 章导论。该部分阐述了本书的选题背景与研究意义,界定了本书的研究目标与研究架构,对本书的研究思路、内容与研究方法进行了说明,最后指出本书的创新与不足。

第 2 章文献综述。梳理国内外有关盈余价值相关性研究的主要文献,并归纳整理研究结论。在本章中,将相关文献分为三个部分进行综述:一是有关净收益和综合收益价值相关性的文献回顾;二是有关盈余分解项目价值相关性的文献回顾;三是有关盈余报告变迁动向对盈余价值相关性影响的文献回顾。本章为后续章节的研究奠定了坚实的文献基础。

第 3 章理论基础与制度变迁。本章首先分析盈余价值相关性的理论

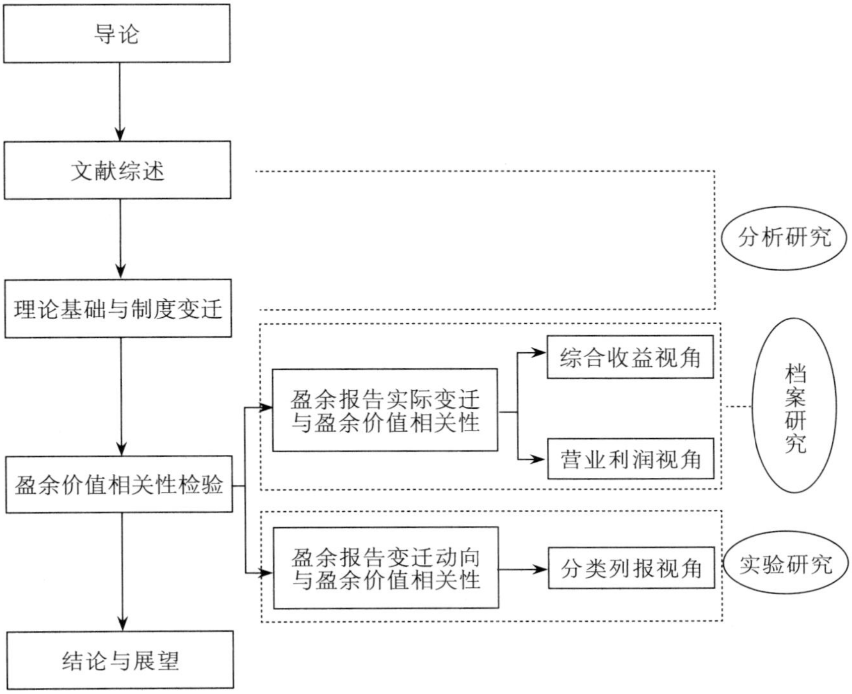

图 1-1　本书研究架构

基础，主要有决策有用性的信息观和计量观。其次，分析盈余报告变迁的理论基础，主要有收入费用观和资产负债观。然后，回顾我国和其他国家盈余报告制度变迁的历程。最后，介绍了以业务活动与相应资源配置及运行效率间的"一因一果型完全对应"式分类列报为核心的盈余报告变迁动向。本章为后续章节的研究奠定了坚实的理论基础和制度背景。

第 4 章盈余报告实际变迁与盈余价值相关性：综合收益视角。2006年以来，盈余报告的一大变化体现在引入综合收益概念并最终在利润表中列示。这一变化对盈余价值相关性是否有影响？作者分别从综合收益和净收益的相对价值相关性和其他综合收益的增量价值相关性两个角度进行验证。本书利用 2009—2017 年间 19 543 个中国 A 股非金融类上市公司年度数据，同时采用价格模型、超额回报模型和超额价格模型进行检验。但研究结果与理论预期不完全相符，为了全面评价综合收益的价值相关性，作者又选取在沪深市场同时发行 A 股和 B 股的上市公司和中国香港资本市场中的 A+H 股进一步验证上述问题。

第 5 章盈余报告实际变迁与盈余价值相关性：营业利润视角。盈余报告的另一大变化集中体现在营业利润项目上，如将"投资收益"纳入营业利润；将"资产减值损失"从各费用项目中剥离出来汇总反映，同时新增"公允价值变动收益"项目，并将这两项纳入营业利润核算范围内；同时，在营业利润核算范围扩大的情况下，取消"主营业务利润"中间项目。这一变化对盈余价值相关性是否有影响？我们基于营业利润，构造了"经营盈余"项目和"已实现盈余"项目，检验经营盈余、已实现盈余和营业利润的相对价值相关性，并从增量价值相关性角度检验了投资收益、资产减值损失和公允价值变动收益项目。本书利用 2007—2017 年间 22 171 家中国 A 股非金融类上市公司年度数据，同时采用价格模型、超额回报模型和超额价格模型，研究经营盈余、已实现盈余和营业利润的相对价值相关性以及投资收益、资产减值损失和公允价值变动收益的增量价值相关性问题，还进一步研究了 2007 年执行新企业会计准则前后经营盈余、已实现盈余和营业利润的价值相关性问题。此外，在稳健性检验中，通过控制年度和行业效应，在水平与变化收益模型下重新检验上述问题。

第 6 章盈余报告变迁动向与盈余价值相关性：分类列报视角。以业务活动与相应资源配置及运行效率间"一因一果型完全对应"式分类列报为核心的《关于财务报表列报初步意见（征求意见稿）》对财务报表列报作出"颠覆性"的改革，在会计学术界和实务界引起激烈的讨论。本章对该征求意见稿中提出的盈余报告分类列报模式对盈余价值相关性的影响进行检验。由于该分类列报模式还处在理论研究阶段，尚未实施，无法获取必要的数据进行档案研究。因此，本部分采用实验研究方法，构造"一因一果型完全对应"式分类列报模式实施的情境，实现对其实施效果的事先检验。

第 7 章结论与展望。深入研究之后，归纳结论是必要的。本章首先对前述各章的主要研究结论进行归纳，提炼本书的研究发现。其次结合本书的局限，探索未来研究的方向。

1.2.3 研究方法

为实现研究目标，本书根据各章的特点采用了不同的研究方法，主要有分析研究方法、档案研究方法和实验研究方法。具体情况如下：

（1）分析研究方法

第 2 章文献综述对相关文献进行回顾与总结，第 3 章理论基础与制度变迁对盈余价值相关性和盈余报告变迁的理论进行分析，并对盈余报告制度背景进行梳理，介绍以业务活动与相应资源配置及运行效率间"一因一果型完全对应"式分类列报为核心的盈余报告变迁动向。以上两章均采用分析研究方法。

（2）档案研究方法

第 4 章、第 5 章分别基于综合收益视角和营业利润视角分析已发生的盈余报告变迁对盈余价值相关性的影响。其中综合收益在利润表中列示是从 2009 年开始的，营业利润的变化从 2007 年开始在利润表中体现，这些都可以获取必要的公开数据，建立模型进行统计分析。因此，这两章主要采用档案研究方法。

在档案研究过程中，为了确保研究结论的稳健性，我们在研究方法上进行了加强，具体体现在：第一，用多种方法来衡量被解释变量，采用分年度回归、水平模型以及变化模型进行回归，从而形成多个模型，然后再考察这些模型的回归结果是否一致；第二，对于同一个问题，从不同的角度、用不同的方法进行研究，例如，将描述性统计、相关系数检验和多元回归分析结合，并利用不同资本市场中上市公司数据分别进行检验；第三，为了消除异方差问题，还对 t 统计量进行了 White 异方差调整。这些措施在一定程度上增强了本书研究结论的稳健性。

（3）实验研究方法

第 6 章分析盈余报告变迁动向对盈余价值相关性的影响。由于依据的反映业务活动与相应资源配置及运行效率间"一因一果型完全对应"式分类列报模式还处于理论研究阶段，尚未实施，无法获取必要的数据进行档案研究。但可以通过实验设计，构造出该"一因一果型完全对应"式分类列报模式实施的情境，对其实施效果进行事先查验。因此，

第 6 章主要采用实验研究方法。

1.3 研究创新与不足

1.3.1 研究的创新之处

本书通过对盈余报告变迁与盈余价值相关性这一命题的系统研究，有以下几点创新之处：

第一，基于不同市场检验综合收益的价值相关性，保证了研究结论的可靠性。以中国 A 股上市公司 2009—2017 年数据对综合收益价值相关性进行检验，未证实综合收益价值相关性优于净利润，但有微弱证据证实其他综合收益具有增量价值相关性，这与理论预期不完全一致。但据此对我国综合收益的列报改革作出评价显得过于武断，我们又分别选取同一时期在沪深市场同时发行 A 股和 B 股的上市公司、中国香港资本市场中的 A+H 股上市公司，用同样的方法进行检验，发现 A+B 股上市公司和中国香港资本市场综合收益的价值相关性均优于净利润。研究结论丰富了不同市场之间和不同准则下盈余价值相关性方面的研究。

第二，通过对营业利润的合理分解，提高了盈余价值相关性。本书根据盈余报告变迁对营业利润项目产生的影响，构造了经营盈余项目和已实现盈余项目，实证结果证实在经营盈余、已实现盈余和营业利润中，已实现盈余具有最优的价值相关性，因此，建议在分步式列报的利润表中，在营业利润之前增设已实现盈余的汇总数。通过合理的盈余分解方式，增强盈余价值相关性。

第三，采用实验研究方法对以业务活动与相应资源配置及运行效率间"一因一果型完全对应"式分类列报为核心的盈余报告变迁效果进行事先检验，为分类列报改革提供了经验数据。因该"一因一果型完全对应"式财务报表分类列报尚未实施，目前相关研究主要集中在方案是否可行、优劣分析及实施的路径安排上，对其实施效果进行验证的文献还非常少。本书运用科学、有效的实验方案进行了验证，得出了一些有益的研究结论。

1.3.2　研究的不足

本书还存在以下不足之处：

第一，本书主要依据实际已发生的盈余报告变迁和以业务活动与相应资源配置及运行效率间"一因一果型完全对应"式分类列报为核心的《关于财务报表列报初步意见（征求意见稿）》，研究它们对盈余价值相关性的影响，属于对既定现象的检验。对于如何确定更有效的盈余报告变迁方案以提高盈余价值相关性，缺乏深入的分析。

第二，2017 年 12 月 25 日财政部发布了《关于修订印发一般企业财务报表格式的通知》，在利润表"营业利润"之上新增"资产处置收益"项目和"其他收益"项目，并进而导致营业外收入和营业外支出的核算范围缩小；在"净利润"之下新增"持续经营净利润"和"终止经营净利润"项目。2018 年 6 月 15 日，财政部发布《关于修订印发 2018 年度一般企业财务报表格式的通知》，从"管理费用"项目中分拆"研发费用"项目单独列示；在"财务费用"项目下增加"利息费用"和"利息收入"明细项目；在其他综合收益部分新增了与新金融工具准则有关的项目，部分删除与原金融工具准则有关的项目。这些变化将对盈余指标及其价值相关性产生一系列影响，但受可获取数据的影响，本书未考虑这些变化点。

在后续研究中，将针对以上不足，进行拓展和深化，提高研究的深度和效度。

第 2 章　文献综述

大量实证研究证实盈余具有价值相关性，但是当存在制度差异时，盈余包含的内容和列报的方式会有所不同，加之所处会计环境的不同，必然会在盈余价值相关性间产生差异。因此，不能孤立地研究盈余价值相关性，必须将制度变化、会计环境等因素与价值相关性有机结合起来，以系统视角来研究。本章贯穿这一思想，回顾以净收益和综合收益为代表的总括盈余价值相关性研究、盈余分解方式和盈余分解项目价值相关性研究和以业务活动与相应资源配置及运行效率间"一因一果型完全对应"式分类列报为核心的盈余报告变迁动向与盈余价值相关性的研究。通过以上文献回顾，为后续章节奠定文献基础。

2.1　净利润和综合收益价值相关性的文献综述

净利润（或净收益）的价值相关性一直是会计实证领域研究的热点问题。同时，在研究综合收益价值相关性时，也离不开其与净收益价值相关性的相对比较研究。因此，本节分别对净收益价值相关性和综合收益价值相关性的文献进行回顾。

2.1.1 净收益价值相关性研究

净收益价值相关性的开山之作是 Ball 和 Brown 在 1968 年的研究，他们通过构造未预期会计盈余和股票非正常报酬率之间的相关模型，发现经历正的盈余变动的股票具有正的价格变化，反之亦然。这项研究用实证方法证实证券的市场价格确实并且至少能对会计信息中的净收益作出反应，即净收益具有价值相关性。随后诸多学者进行的实证研究也得出同样的结论（Brown，1970；Beaver 等，1979 等）。

赵宇龙（1998）以 123 家沪市上市公司为样本，研究发现未预期会计盈余和股票非正常报酬率的符号之间存在统计意义上的显著相关性，第一次证实了中国资本市场中披露的会计盈余数据具有一定的信息含量。之后，陈晓、陈小悦和刘钊（1999）、孙爱军和陈小悦（2002）、栗煜霞和李宏贵（2004）、袁淳和王平（2005）的研究取得相似结论。

除了以上研究，学者们还基于本国会计准则的变化或将本国会计准则和国际会计准则进行比较，研究不同准则下净收益的价值相关性问题。

以我国从 2007 年开始执行新会计准则为背景，薛爽等（2008）、张然和张会丽（2008）、谭洪涛和蔡春（2009）、陆正飞和张会丽（2009）等均对新旧会计准则样本下的盈余价值相关性进行了相对比较研究，并得出相同的结论，证实新会计准则的实施增强了盈余价值相关性。

部分学者对中国会计准则和国际会计准则下的盈余价值相关性进行了比较研究，但未得出一致结论。Bao 和 Chow（1999）以同时发行 A 股和 B 股的中国上市公司为样本，构造价格模型进行检验，发现同一公司 B 股盈余的价值相关性高于 A 股，但 Eccher 和 Healy（2000）、洪剑峭和皮建屏（2001）同样采用价格模型进行验证，认为准则差异没有对盈余价值相关性产生影响。而 Hu（2002）、潘琰等（2003）、李晓强（2004）以及 Lin 和 Chen（2005）的研究却得出与 Bao 和 Chow（1999）相反的结论，认为中国会计准则下的盈余价值相关性要强于国际会计准则。

同样有学者对德国资本市场中采用不同会计准则的上市公司的盈余价值相关性进行比较研究，也未得出一致结论。如 Bartov 等（2005）

发现美国 GAAP 和国际会计准则下的盈余价值相关性要强于德国 GAAP 的盈余价值相关性。然而，Hung 和 Subramanyam（2007）得出相反结论，认为德国 GAAP 下的盈余价值相关性最优。

Barth et al.（2008）扩大研究范围，选取了 1995—2003 年间 23 个国家的上市公司，按是否使用国际会计准则将这些公司划分为两组，研究会计盈余与股票价格之间的关系，结果发现使用国际会计准则组的盈余对股价有更强的解释力，说明国际会计准则下的盈余价值相关性更强。欧洲公司 2005 年开始强制实施国际财务报告准则，这为学者们研究不同准则下的盈余价值相关性提供了天然的实验场所。Prather-Kinsey 选取这些公司 2004 年和 2006 年数据进行对比研究，发现价格模型的拟合优度显著提升，认为国际财务报告准则的实施增强了盈余价值相关性。然而 Lin 和 Paananen（2008）以德国公司为样本，使用相同方法进行检验，却得出了相反的结论。

通过对上述文献的整理，可以发现会计学术界对净收益的价值相关性展开了丰富的研究，并已取得一致结论，即净收益具有价值相关性。但当跨越时间和空间限制，对不同准则下的盈余价值相关性进行对比研究时，并未得出一致的结论。这既有可能是研究方法、研究样本不同造成的，也有可能是忽略了准则之外的因素对盈余价值相关性的影响，致使结论出现偏差。

2.1.2 综合收益价值相关性研究

20 世纪 90 年代，伴随着资产负债观理念的回归、综合收益概念的兴起，继净收益价值相关性之后，综合收益价值相关性的研究成为热点。对这一问题，学者们主要从相对价值相关性和增量价值相关性这两方面进行研究。其中，相对价值相关性研究主要针对综合收益和净收益价值相关性的比较研究，增量价值相关性研究主要集中在其他综合收益是否具有增量价值和哪些具体项目具有增量价值上。与净收益价值相关性不同的是，综合收益价值相关性的研究至今未取得一致的结论，有的研究证实综合收益具有（或不具有）价值相关性，当具有价值相关性时，低于（或高于）净收益，其他综合收益相对于净收益具有（或不具有）增量价值相关性。面对纷繁不一的研究结论，考虑到具体会计准则与会计环境对综合收益价值相关性的影响，本部分选取综合收益发展理念有显著差异的美国资本市场和中国资本市场为代表，试图通过分类整理相关文献，得出一些清晰、有益的结论。

（1）美国资本市场综合收益价值相关性研究

20 世纪末，英国、美国、加拿大和新西兰等多个国家或地区开始采用综合收益报告，这为研究综合收益价值相关性创造了外部条件，国外学者对此进行了较多的实证研究。其中，以美国资本市场中上市公司为研究对象的文献尤为丰富，通过按时间序列进行的文献梳理，可以清晰地看到综合收益价值相关性的形成和发展脉络。相关文献整理见表 2-1。

通过对表 2-1 中的文献进行总结，可以发现在美国资本市场，早期综合收益的价值相关性也是弱于净收益的。随着时间的推移，其他综合收益的增量价值相关性开始显现，综合收益的价值相关性开始超过净收益。后来受到国际金融危机的影响，美国资本市场中综合收益乃至净收益的价值相关性显著降低。可见，综合收益价值相关性不仅受到制度影响，还受市场限制。

（2）中国资本市场综合收益价值相关性研究

在我国财务报表列报引入综合收益概念之前，有关综合收益价值相关性的实证研究还非常少，其中具有代表性的是程小可（2004）通过自行定义综合收益，采用回报模型和价格模型所作的研究。2006 年我国新会计准则制定理念从"收入费用观"转向"资产负债观"，要求企业从 2007 年开始在所有者权益变动表中披露"直接计入所有者权益的利得和损失"（即其他综合收益）和"净利润与其他综合收益之和"（即综合收益）。2009 年发布的《企业会计准则解释第 3 号》要求企业在利润表"每股收益"下增列"其他综合收益"项目和"综合收益合计"项目。2014 年 1 月 26 日，财政部对《企业会计准则第 30 号——财务报表列报》进行了修订，首次在准则中定义了综合收益和其他综合收益两个概念，并明确了"其他综合收益"需要按照是否能重分类进"损益"，进一步划分为"以后会计期间不能重分类进损益的其他综合收益项目"和"以后会计期间在满足规定条件时将重分类进损益的其他综合收益项目"两类区别列报。综合收益会计实务的快速发展催生了学术界对其价值相关性的研究。表 2-2 按时间序列整理了针对中国资本市场综合收益价值相关性、其他综合收益价值相关性研究的相关文献。

表2-1　美国资本市场综合收益价值相关性研究文献汇总

文　章	样本及期间	模型	研究结论	备　注
C.S.Agnes Cheng 等（1993）	1972—1989年 美国上市公司	回报模型	营业利润的价值相关性优于净收益，净收益的价值相关性优于综合收益；其他综合收益不具有增量价值相关性	作者自行定义综合收益＝留存收益的变动＋优先股股利＋普通股股利
Dhaliwal 等（1999）	1994—1995年 美国上市公司	回报模型和价格模型	净收益在解释股票回报、预测企业未来现金流和经营能力上均优于综合收益；其他综合收益中唯一可以增加价值相关性的项目是可供出售证券调整	根据SFAS 130定义，自行计算综合收益
Hirst 和 Hopkins（1998）	1998年 证券分析师		在损益表中披露综合收益时，有助于分析师识别出企业的盈余管理行为，提高分析师对股票估价的准确性；在权益变动表中披露综合收益时，分析师可能会忽略这部分信息，不利于对股票的准确估价	这两项研究运用实验研究方法证实了综合收益具有价值相关性，并认为综合收益在损益表中披露比在权益变动表中披露更有价值
Maines 和 McDanie（2000）	2000年 非专业投资者		非专业投资者可以注意到在权益变动表中披露的综合收益，但在判断公司业绩时对其赋予的权重低于在损益表中的披露	

续表

文　章	样本及期间	模型	研究结论	备　注
Biddle 和 Choi (2006)	1994—1998 年美国上市公司	回报模型	综合收益在投资决策中最具价值相关性，但净收益在契约运用中更有效	根据 SFAS 130 定义，自行计算综合收益
Chambers 等 (2007)	1998—2003 年美国上市公司	回报模型	剔除计量误差的影响后，其他综合收益具有增量价值相关性	采用公司财务报告中实际披露的其他综合收益
Kanagaretnam 等 (2009)	1998—2003 年同时在美国和加拿大上市的加拿大公司	回报模型和价格模型	综合收益的价值相关性优于净收益；可供出售证券调整项目和现金流量套期项目具有价值相关性	采用公司财务报告中实际披露的其他综合收益
李同荣 (2012)	2009—2010 年 2005—2007 年纳斯达克上市公司	回报模型和价格模型	2009—2010 年，每股综合收益与每股收益的系数均与每股报酬呈显著负相关关系；2005—2007 年，每股综合收益与每股收益均具有价值相关性，并且前者的价值相关性高于后者	作者推断以 2009—2010 年间同样本进行研究得出的结论可能是受金融危机的影响，致使会计收益对投资者的价值判断的影响作用有限

表2-2 中国资本市场综合收益价值相关性研究文献汇总

文　章	样本及期间	模型	研究结论	备　注
程小可（2004）	1996—2001年A股年报	回报模型和价格模型	净利润比综合收益具有更高的价值相关性，分解综合收益对解释价值具有增量效应	作者自行定义综合收益＝期末净资产−期初净资产＋本期现金股利
程小可、龚秀丽（2008）	2007年沪市A股中报	回报模型	综合收益和净利润均具有价值相关性，但前者的价值相关性低于后者；其他综合收益项目中，只有可供出售金融资产公允价值变动净额和权益法下被投资单位其他股东权益变动的影响项目具有显著价值相关性	
汤小娟、王蕾（2009）	2007年沪市A股中报	回报模型	综合收益和净利润均具有价值相关性，但前者的价值相关性低于后者；在区分投资者类型后，发现机构投资者对综合收益的关注程度确实高于非机构投资者，但对综合收益的关注度仍然低于其他综合收益	
欧阳爱平、刘仑（2010）	2007—2008年A股年报	回报模型	综合收益和净利润均具有价值相关性，但前者的价值相关性低于后者	

文章	样本及期间	模型	研究结论	备注
高薪云(2010)	2007—2009年A股年报	回报模型和价格模型	2007—2008年其他综合收益在所有者权益变动表中列示时，不具有价值相关性；2009年其他综合收益在利润表中列示时，具有价值相关性，但与股票价值显示负相关关系	作者认为出现负相关关系可能是因为其他管理的动机，所以投资者对其作出了负面评价
胡燕、卢宇琴(2011)	2009年沪市A股年报	回报模型和价格模型	综合收益和净利润均具有价值相关性，但前者的价值相关性高于后者	研究结论与其他文献不同
荆力(2012)	2009—2010年A股年报	价格模型	综合收益和净利润均具有价值相关性，但前者的价值相关性低于后者	
吴祖光、万迪昉、罗进辉(2012)	2007—2010年A股年报	回报模型和价格模型	与净利润相比，综合收益并未有效提高会计盈余的价值相关性；综合收益的价值相关性受公司规模以及中、高账面市值比的公司影响较大。在大规模以及中、高账面市值比的公司中，股票价格所含净利润和综合收益的信息并不存在显著差异；在小规模公司中，随着账面市值增大，综合收益与股票价格之间的关系由显著正相关转变为显著负相关，账面市值比发挥调节作用	综合收益数据涉及2009—2010年两年，净利润数据涉及2007—2010年四年
李尚荣(2012)	2009—2010年沪市A股年报	回报模型和价格模型	每股综合收益、每股收益均具有价值相关性，但前者的价值相关性低于后者；其他综合收益不具有增量价值相关性	

续表

文　章	样本及期间	模型	研究结论	备　注
王鑫（2013）	2009—2011年沪深两市主板A股上市公司	回报模型和价格模型	综合收益总额具有比传统的净利润更高的价值相关性，对股票价格和股票收益率的解释能力强于净利润指标；但在预测未来净利润和未来经营活动现金净流量时，综合收益预测能力弱于净利润指标	
张云、赵艳（2015）	2009—2013年沪深两市主板A股上市公司	价格模型	非经常性损益比其他综合收益更具有价值相关性，上市公司如果发生重大非经常性损益，会降低经常性损益的价值相关性	
许文静、齐明、李欣蓓（2017）	2014—2015年沪市A股上市公司	价格模型	综合收益信息在单一业绩表重分类列报后，综合收益与其他综合收益总额均对股票定价产生了显著影响；同时，其他综合收益的主要构成项目，可重分类的其他综合收益类别项目及可供出售金融资产公允价值变动明细项目也在股票定价中发挥了显著作用	
杨有红、闫珍丽（2018）	2009—2015年A股年报	价格模型	其他综合收益信息会吸引分析师跟踪，导致更低的分析师预测分歧，更高的预测准确性及股价同步性	
王艳、谢获宝（2018）	2009—2015年我国沪深两市披露其他综合收益的A股上市公司	价格模型中介效应模型	披露其他综合收益可以抑制管理层的盈余管理行为促进股票价值评估指标市盈率提升。强制性披露其他综合收益可以替代自主性较强的公司治理行为，提高盈余信息质量并促进市盈率提升	剔除了综合收益为负的样本

通过对表 2-2 中相关文献的总结，可以发现对综合收益价值相关性的研究也取得较一致的结论，即具有价值相关性，但与净利润相比，价值相关性孰高孰低尚未有统一结论。虽然我国综合收益项目和其他综合收益项目的列示位置从所有者权益变动表改到利润表，但与美国资本市场中的研究相比，我国综合收益的市场接受程度似乎和准则的发展速度不匹配。这一现象背后的原因值得我们深入分析，以为综合收益相关准则的完善提供理论指导和经验证据。

2.2 盈余分解项目价值相关性的文献综述

在净利润和综合收益价值相关性成为实证研究热点的同时，学者们也注意到了盈余分解方式及盈余分解项目的价值相关性，并对此展开广泛的研究。由于不同学者对盈余分解的方式不同，选取的盈余项目也各不相同，该领域的研究显得较为凌乱。但经过整理后，仍然可以得出一些有益的结论，如与净利润或综合收益这类总括盈余项目相比，盈余分解项目可以提供更有用的信息。因此，我们按研究者分解盈余的方式、选取的盈余项目归类整理了相关文献，具体见表 2-3。

表 2-3　不同盈余分解方式下盈余价值相关性研究文献汇总

文　章	盈余分解方式或项目	研究结论
Lipe（1986）	毛利 管理费用 折旧费用 利息费用 所得税 其他	盈余分解项目能够提供较小但是更相关的信息；每个盈余分解项目都具有不同的增量解释力；各个盈余分解项目具有不同的时间序列特征，这也是致使其价值相关性不同的原因
Solan（1996） Chia 等（1997） Richardson 等（2004）	现金流 应计项目	在纯粹的统计意义下，与总括盈余相比，现金流及应计项目为公司业绩预测提供了更有用的信息

续表

文　章	盈余分解方式或项目	研究结论
Easton 等（2000）	永久性盈余（可预期的盈余）暂时性盈余（不可预期的盈余）	盈余持续性水平的不同引起了盈余反应系数在不同年度及不同企业之间的差异，其取值范围为［1，1+1/预期回报率］
Pan（2007）	永久性盈余暂时性盈余	95%的股价变化能被永久性盈余和股利所解释
Fairfield 等（1996）Brown 和 Alam（2001）	会计实务所规范的盈余分类法	会计实务所规范的盈余分类法增加了披露盈余的预测能力，深入细分盈余项目更加有助于改进对下年盈余的预测水平
程小可（2005）	将净利润分解为：（1）主营业务利润和其他；（2）营业利润和其他	主营业务利润具有比营业利润更显著的边际价值相关性
程小可（2005）	将营业利润分解为收入项和成本费用项	收入项的反应系数大于成本费用项，两者具有显著差异
程小可（2005）	将盈余分解为现金流和应计项目	与 Solan（1996）的研究结论不同，未发现对盈余分解后带来更强的盈余-价值关系
Barth（1994）Nelson（1996）	公允价值变动损益	公允价值变动产生的损益与股票价格存在显著的相关关系
Chen 和 Wang（2004）	政府补助、资产重估收入、投资收益、营业外收入、营业外支出和其他六部分	资产重估收入和投资收益都具有价值相关性
谢荣等（2007）	公允价值变动损益	通过对 2007 年 A 股上市公司三季报的数据与半年报数据的对比，证实公允价值变动损益的价值相关性得到加强
高薪云（2010）	投资收益公允价值变动损益资产减值损失	三个项目均具有价值相关性

通过对以上文献的梳理可以发现，如果能够准确地选取盈余项目，找到一种较优的盈余分解方式，可以提高盈余的价值相关性。依据这一思路，本书试图对盈余报告变迁后核算范围扩大的营业利润项目进行合理分解，以期提高盈余-价值的结构关系。

2.3 盈余报告变迁动向与盈余价值相关性的文献综述

在完成以综合收益列报为目标的盈余报告改革后，IASB 又将焦点聚集于财务报表分类列报改革，并于 2008 年 10 月 16 日发布了《关于财务报表列报初步意见（征求意见稿）》。这份征求意见稿以业务活动与相应资源配置及运行效率间的"一因一果型完全对应"式分类列报和报表间的内聚性为核心，对财务状况表、综合收益表和现金流量表的表内分类、再分类及其排列组合作出重大的改变。财务报表列报的这种"颠覆式"变革引起国内外学者的广泛研究。

Mark B，Carolyn C，Jack C 等（2010）、Stephen M，Thomas S，Karim J 等（2010）认为征求意见稿通过对"内在一致、信息分解、流动性和财务弹性的评价"等财务报表列报目标的确立，将使财务报表列报更清晰地反映企业资源的配置和运行情况，但"管理层法"的引入有可能导致异常和混乱，降低信息的可靠性和可比性。王仲兵（2010）认为，征求意见稿中报表编报观念发生颠覆性的变革，改进后的财务报表列报与企业运作方式的对称程度有所改进，有利于增加会计信息对投资决策的有用性，在会计信息的可读性上也有了极大的提高。

温青山等（2009）从财务分析角度对征求意见稿提出的分类列报思路的效果进行检验，他们对中石油和中石化两家公司的财务报表按征求意见稿提出的列报方式进行调整，并重新构建财务分析框架。研究结果表明，新的分类列报方式将业务活动和融资活动分开，提高了盈利预测的准确性。Nissim 和 Penman（2010）根据征求意见稿提出的分类列报方式，推导出新的财务报表分析方法，认为基于分类列报进行的财务分析可以帮助使用者更有效地识别出在预测未来收益时需要计算的结构性比率。这一结论和温青山等（2009）的结果一致。

但温青山等（2009）、王仲兵（2010）、王跃堂等（2012）等均对征求意见稿提出的这种激进式的变革持保留意见。温青山等（2009）认为新的列报方式下需要引入更多管理层意图和职业判断，这将大大增加报表编制复杂性和外部审计难度，随之而来的制度成本不容忽视。将这份征求意见稿上升到准则"语言"，至少从目前来看并不现实，但企业集团在进行内部财务分析时可加以借鉴。王仲兵（2010）提出财务报表列报变革的过渡性制度安排，将两种列报方式以相同的重要性予以并列报告，或以原先的报表体系作为核心而将未来财务报告体系以附表的形式披露，通过这种"双轨制"安排实现未来新的报告体系。王跃堂等（2012）认为目前我国尚没有充分理由直接采纳征求意见稿建议的财务报表，我国财务报表列报改革应采取"渐进式"模式。

目前有关《财务报表列报初步意见（征求意见稿）》的研究主要集中在该方案优劣分析、是否可行以及实施的路径安排上。在新的分类列报方式得以应用并具备资本市场经验数据之前，能否达到"提高信息决策有用性"这一目标有待检验。

第 3 章　理论基础与制度变迁

　　本章主要介绍盈余价值相关性研究的理论基础和盈余报告变迁的理论基础、变迁历程、变迁动向。具体而言，第一节主要阐述盈余价值相关性研究的理论基础，包括决策有用性的信息观和计量观；第二节详细介绍盈余报告变迁的理论基础，包括资产负债观和收入费用观及其交替轮换；第三节主要梳理国内外盈余报告制度变迁的历程，并重点分析了变迁历程出现国别差异的原因；第四节介绍以业务活动与相应资源配置及运行效率间的"一因一果型完全对应"式分类列报为代表的盈余报告变迁动向。本章的分析为后续章节奠定了理论基础和制度背景。

3.1　盈余价值相关性研究的理论基础

　　盈余价值相关性研究实际上是在会计信息"决策有用观"的理论框架下展开的研究。本部分作为盈余价值相关性研究的理论基础，将重点梳理以 Ball 和 Brown（1968）为代表的决策有用性的信息观和以 Feltham 和 Ohlson 为代表的决策有用性的计量观。

3.1.1　决策有用性的信息观——盈余信息含量

根据有效市场理论和基于它的决策理论，如果会计信息具有信息含量，投资者在获取此信息后将会改变投资信念，从而产生买卖决策，证券价格随之发生变化。实质上，只有当信息能够改变投资者的信念和行为时，它才是有用的信息。这种把有用性等同于信息含量，认为证券价格变动程度反映了相应程度信息内涵的财务会计理论方法被称为决策有用性的信息观。信息观的实质是投资者希望对未来证券报酬作出自己的预测（而不是让会计人员在理想条件下替他们作决策），并"吸收"这方面的所有有用信息，据以作出投资决策。

按照一般的财务理论，企业价值的根本决定性要素是它的股利流量，Beaver（1968）总结，会计盈余对证券市场价格的作用机理可以分成相互衔接的三个阶段，如图 3-1 所示。

| 当期会计盈余 | → | 未来会计盈余 | → | 股利流量预期 | → | 企业价值（股价） |

图 3-1　当期会计盈余与股价作用机理

Ball 和 Brown 于 1968 年首次提供了令人信服的科学证据，证实证券的市场价格确实并且至少能对会计信息中的净收益作出反应，即净收益具有信息含量。随后诸多学者进行的实证研究也得出同样的结论。根据这些研究，会计信息可以帮助投资者估计和预测证券报酬的期望值与风险，并且似乎确实对他们有用。而且，信息的有用程度可以通过其公布后所导致的价格变化程度来衡量。

1968 年后，信息观开始在财务会计理论和研究中占统治地位，它导致了大量的实证研究，丰富了对财务信息决策有用性的理解。

3.1.2　决策有用性的计量观——净盈余理论

基于信息观的实证研究已经表明，根据有效市场假说，以历史成本为基础的财务报表即使不直接报告未来投资回报，但仍然能帮助投资者预测公司未来的盈利能力，从而预测未来收益。因此，会计人员可以历史成本作为主要计量属性，因为它在相关性和可靠性之间实现了最好的均衡。但是实证结果也发现，在盈利公告公布日前后，以历史成本为基础的净收益似乎只能解释证券价格波动的一小部分原因。有效市场异常现象也支持了上述观点，即证券市场可能没有先前被认为得那么有效。这带来了以历史成本为基础的财务报告是否具有相关性的问题。

与信息观不同，计量观立足于通过较多的在财务报告中使用计量方法来进一步增强决策的有用性，如将现值或者公允价值恰当地纳入财务报表中。

Feltham 和 Ohlson 的净盈余理论（clean surplus theory，1995）认为企业的市场价值可以用财务报告变量来表示。尽管净盈余理论可以用于任何计量基础的会计核算，但其有关论证是与现值计量一致的。因此，净盈余理论为决策有用性的计量观提供了理论框架。

Feltham 和 Ohlson 指出，理想状态下企业的市场价值可以直接通过资产负债表与损益表的变量计算得出。在任意时点 t：

$PA_t=bv_t+g_t$

其中：PA_t 表示企业的市场价值；bv_t 表示资产负债表中净资产的账面价值；g_t 表示未来非常盈利的期望现值。

上述等式适用于任何计量基础的会计核算，但根据有效市场异常现象证据的支持，投资者并不像信息观所假设的那样擅长于从其他渠道获取 g_t，这意味着会计人员应当尽可能完整与准确地计量 bv_t，以减少市场通过其他渠道对 g_t 进行估计。例如，若有合理可靠的保证，通过对至少部分资产与负债以市价计量，可以将更多的公司价值包含在 bv_t 中，更少地包含于 g_t 里，帮助投资者作出决策。这些都导向了现值计量观。

当非常收益的期望值 g_t 为 0 时，这是 Ohlson 模型中的特殊情况，意味会计是无偏差的，公司所有的价值都显现于资产负债表，损益表无信息含量。随后 Feltham 和 Ohlson 将持续收益概念引入净盈余理论，尤其是他们假设：

$ox_t^a=\omega ox_{t-1}^a+\varepsilon_t$

其中：ox_t^a 表示 t 年的非常收益；ε_t 表示 t 年盈利事件实现的影响结果；ω 表示一存续参数，且 $0\leq\omega\leq1$，意味着某年事件的影响会在未来年度里持续，但在一段时间后，特定年度的收益的影响都会消失。ω 越高，损益表对公司价值的影响越大。

Barth（1994）的研究结果很好地支持了公允价值对投资者决策有用的结论。即使部分使用公允价值计量对决策也是有用的，因为它在一定程度上揭示了公司财务状况和前景的重大变化。

3.2 盈余报告变迁的理论基础

资产负债观和收入费用观原本是计量收益的两种不同理论，后来被引入到会计准则的制定中，逐渐发展为会计准则制定的两种不同理念，从而对盈余报告的列报内容和金额计量产生了更为深远的影响。

3.2.1 资产负债观与收入费用观的内涵

作为计量收益的理论，资产负债观强调基于资产和负债的价值变动来计量收益，认为除业主投资和派给业主款以外的所有净资产变动都应计入当期损益，使损益反映财富的现时变化，因此资产负债观下的损益更接近经济学损益的概念①。收入费用观基于实现原则确认收入和费用，并按配比原则计量当期损益，其计算的损益是传统意义上的会计损益。

作为会计准则制定的理念，资产负债观是指会计准则制定机构在制定某类交易或事项的会计准则时，总是首先确认和计量该类交易或事项所产生的资产和负债或其对资产和负债造成的影响，然后根据资产和负债的变化来确认损益。收入费用观是指会计准则制定机构在制定会计准则时，总是首先确认和计量与交易或事项相关的收入和费用，再确认资产和负债。

与收入费用观相比，资产负债观突破了实现原则的束缚，扩展了会计确认的范围，在处理交易或事项时，更注重其实质。通过确认和计量该交易或事项对企业资产和负债的影响，确保了企业各时点上资产和负债存量的真实准确，从源头上厘清该交易或事项对企业财务和经营状况

---

① 1946 年，JR 希克斯在《价值与资本》中把收益概念发展成为一般性的经济收益概念，提出收益是指在保持期末与期初同等富裕的情况下可予消费的最大金额。

产生的影响及后果。因此，资产负债观下提供的信息更符合相关性，更满足决策有用性。

3.2.2 资产负债观与收入费用观的交替轮换

从历史演进的角度看，会计理念取向总是与会计环境相适应，其变迁历经资产负债观的萌芽阶段、收入费用观的主导阶段和资产负债观的复归阶段。

20 世纪 30 年代以前，企业组织形式简单，经营者往往就是业主，生产、交易和财富变动也不复杂。由于资产、负债要素相对于收入、费用要素更加直观，业主通过比较期末与期初净资产的变动就可以确定损益了。此时，收益计量和会计理念都是建立在资产负债观基础上的。

20 世纪 30 年代后，随着工业革命的完成、生产技术的迅猛发展，股份有限公司开始大量涌现。所有权和经营权的分离带来了股东对经营者经营业绩的考核和对收益分配的要求，企业利润成为关注的焦点。利润表开始成为第一财务报表，资产负债表退居其后。在这一时期，收入费用观占据主导地位，并成为准则制定的重要理念。

20 世纪 70 年代后，通货膨胀的加剧、衍生金融工具的运用与创新使得以收入费用观计量的收益与企业真实收益的差距日益加大，报表使用者认为财务报告提供了一堆"无用的数字"，信息的决策有用性在降低。这些都对收入费用观提出了严峻挑战。准则制定机构开始从收入费用观转向资产负债观，美国财务会计准则委员会（FASB）于 1974 年 10 月和 1975 年 3 月先后发布了会计准则公告第 2 号《研发成本的会计处理》（SFAS 2）和第 5 号《或有事项的会计处理》（SFAS 5），标志着FASB 开始认为资产负债观优于收入费用观。

从以上对会计理念取向变迁的回顾，可以得出以下启示：一是资产负债观和收入费用观并不存在绝对的优劣，因此，在运用时也不存在绝对的取舍；二是外部会计环境因素是决定会计理念取向的历史和逻辑起点，因此，需要适时、适境作出选择。

3.3　盈余报告制度变迁分析

20 世纪下半期，伴随着资产负债观会计理念的复归，盈余列报开始向综合收益表过渡。作为资产负债观在信息披露方面的要求，综合收益观认为，收益是企业报告期内除股东投资或向股东分配以外的交易和事项所引起的权益变动。通过对当期营业观下确认的会计收益进行改造，可以得到综合收益。综合收益能够更加真实地反映企业的实际状况，并且可以在利润表和资产负债表之间建立更加清晰的钩稽关系。

综合收益的优势，使得许多国家都开始从传统的利润表向综合收益表进行改革。综合收益成为引领盈余报告制度变迁的关键驱动因素。因此，本节以综合收益的引入为标志分析盈余报告制度变迁。

3.3.1　国外盈余报告制度变迁历程

1992 年 10 月，英国会计准则委员会（ASB）发布了第 3 号财务报告准则《报告财务业绩》（FRS 3），成为报告综合收益的领军者，FRS 3 要求企业编报"全部已确认利得和损失表"，和损益表一起共同表述报告主体的全部财务业绩，以向财务报告使用者提供于当期确认的引起股东权益增减变动的全部利得和损失，从而率先进入了"第四张财务报表"的时代。

1997 年 6 月，美国财务会计准则委员会（FASB）正式发布了财务会计准则第 130 号《报告综合收益》（FAS 130），要求企业必须披露综合收益信息，但是可以采用三种不同的报表格式：一是在传统的利润表中增加列示其他综合收益及其组成部分，可以称此表为"收益与综合收益表"；二是单独编制一张"综合收益表"来披露综合收益信息；三是在"权益变动表"中报告其他综合收益。

1997 年，国际会计准则委员会（IASC）对《国际会计准则第 1 号——会计政策的披露》、《国际会计准则第 5 号——财务报表应披露的信息》和《国际会计准则第 13 号——流动资产和流动负债的列报》等 3 项准则作出全面修订，发布了修订后的《国际会计准则第 1 号——

财务报表列报》（以下简称 IAS 1），取代原先的 3 项准则。修订后的 IAS 1 要求企业必须披露综合收益信息，但是可以有两种披露方法：一种是单独编制一张"全部已确认利得和损失表"，另一种是在"权益变动表"中披露综合收益信息。

2001 年 4 月，国际会计准则理事会（IASB）取代 IASC 后，继续采用并修订 IAS 1。2002 年 5 月，IASB 发布了《改进国际会计准则（征求意见稿）》，其中包括了对 IAS 1 的修订。2003 年 12 月，IASB 正式发布了作为"改进项目"一部分的 IAS 1。

2004 年，IASB 与 FASB 开始联合推进该项目。2006 年 3 月，IASB 发布 IAS 1 修订稿的征求意见稿，在对征求意见稿的评论进行充分考虑后，IASB 于 2007 年 9 月发布修订的 IAS 1，将损益表改为综合收益表，明确了综合收益披露要求。该修订影响了权益变化和综合收益的列报，使得 IAS 1 在很大程度上与 FASB 的 FAS 130 一致。2008 年 2 月，为配合对《国际会计准则第 32 号——金融工具列报》修订的要求，在 IAS 1 中增加了对"可沽售工具及其在清算中产生的义务"的披露要求。

2008 年 10 月 16 日，IASB 与 FASB 联合发布《关于财务报表列报初步意见（征求意见稿）》，对财务报表列报进行实质性改革，提出分类列报的核心思想。此项目虽然争议颇多，但仍在进行之中。

2010 年 5 月，IASB 发布了《其他综合收益项目的列报（征求意见稿）》，要求单独以一张"损益和其他综合收益表"来披露综合收益信息，并且对"其他综合收益"项目分类作了进一步探讨，建议把将在后续期间被重分类入损益的项目与不能被确认为损益的项目区别列报。2011 年 6 月，IASB 发布《其他综合收益项目的列报》，将其他综合收益划分为"后续期间在满足特定条件时将重分类计入损益的项目"和"后续期间不能重分类计入损益的项目"，要求分两类区别列报。当企业选择以税前为基础列报其他综合收益项目时，要求将相关税收影响在上述两类项目之间分配。

3.3.2　我国盈余报告制度变迁历程

从我国进入市场经济开始，盈余报告发生了一系列的变革。但如果以综合收益的引入来划分，在 2006 年颁布新会计准则之前，我国盈余报告变革一直是在以收入费用观确认的净利润基础上进行的调整，颁布新会计准则后才开始引入综合收益概念，并从实质上影响到盈余的列报。

（1）收入费用观下的盈余列报阶段

在这一阶段盈余列报又可以分为从 1985 年 7 月 1 日至 1993 年 6 月 30 日以外商投资企业为主体的利润表列报和从 1993 年 7 月 1 日至 2006 年 12 月 31 日以中国境内所有企业和境外投资企业为主体的利润表列报。

①1985—1992 年

我国实施改革开放政策以来，吸引了大量外商来中国投资。为了加强外商投资企业的会计工作，财政部先后制定了《中华人民共和国中外合资经营企业会计制度》《中华人民共和国外商投资企业会计制度》，规范其会计核算和报表编制。

1985 年 3 月 4 日，财政部颁布了《中华人民共和国中外合资经营企业会计制度》[1]。这一会计制度规范了我国市场经济下第一套财务报表框架，即资产负债表、利润表、财务状况变动表。之后财政部又制定《中外合资经营工业企业会计科目和会计报表》[2]，规范了中外合资经营工业企业财务报表列报的格式与内容，其中利润表列示见附表 1-1。这套报表在中国会计史上具有划时代的意义，首次建立了市场经济下的财务报表列报模式。这张利润表列报的重大进步主要体现在以下方面：第一，通过"本年累计数"和"上年同期累计数"提供了比较信息，为信息使用者评价过去、预测未来提供了依据。第二，启用"产品销售成本"概念，将管理费用从完全成本中分离出来，作为期间费用单独列示[3]，以便信息使用者根据各种费用的习性更好地预测企业未来获利能力。

随着外商投资形式的变化，1992 年 6 月 24 日财政部制定了《中华

---

[1]　该制度从 1985 年 7 月 1 日开始执行，适用于在中华人民共和国境内设立的所有中外合资经营企业。
[2]　本文以工业企业为代表分析利润表的变迁，因为工业企业最具完整性，既涵盖了商业企业的购销过程，又包括了加工耗费过程。
[3]　在这之前，我国采用的是完全成本概念，成本中包括所有的费用。

人民共和国外商投资企业会计制度》^①，并根据该制度出台了《外商投资工业企业会计科目和会计报表》，进一步规范了财务报表的列报要求，其中利润表列示见附表 1-2。此次修订，利润表最大的变化体现在两点：一是将"财务费用"从"管理费用"中分离出来，单独列示；二是引入"谨慎性原则"，开始计提"坏账损失"和"存货跌价损失"。但由于受到对利润表信息认知水平的限制，对于这种"持有损失"未进行单独列示，而是在"管理费用"中反映。

在这一阶段，我国市场经济体制下的利润表经历了从无到有的过程。但以上利润表仍存在一些缺陷，如源于计划经济的以产定销模式，将"商品"仍称为"产品"；利润表截止到"利润总额"，没有列示"所得税"，这种列报意味着将经营者义务与所有者权益混为一谈，没有明确的会计主体界限。

②1992—2005 年

随着市场经济体制的确立与发展，我国内资企业市场经济体制下的第一份盈余报告诞生了^②，并在经济发展的推动下不断完善。

1992 年年底，我国确立了社会主义市场经济体制。为适应经济发展的需要，财政部于 1992 年 11 月 30 日发布了《企业财务通则》，12 月 3 日出台了《企业会计准则》^③，并陆续颁布分行业财务管理制度和分行业会计制度。其中《工业企业会计制度》规定了设立在中华人民共和国境内的所有工业企业向外报送的会计报表的具体格式和编制说明，这时盈余报告以"损益表"命名，具体列报见附表 1-3。这份损益表中出现了"投资收益"，并将其在营业利润外单独列报。在此之前，企业管理和自由使用资金的能力受到限制，不能自行对外投资。进入市场经济后，随着企业的自主经营权的不断扩大和资本市场的不断完善，投资成为企业新的获利手段。财务实践的创新促使损益表作出变动。同时，考虑到投资收益具有非经常性和非持续性，不同于企业通过生产或提供

---

① 该制度从 1992 年 7 月 1 日开始执行，适用于在中华人民共和国境内设立的外商投资企业，包括中外合资经营企业、中外合作经营企业和外资企业。
② 内资企业会计在 1992 年之前仍采用计划经济模式。
③ 该准则从 1993 年 7 月 1 日开始执行，适用于设立在中华人民共和国境内的所有企业，设立在中华人民共和国境外的中国投资企业应当按照该准则向国内有关部门编报财务报告。

劳务产生的经营收益，因此将其在营业利润外单独列示。这种对收益的分类列示方式有助于报表使用者掌握企业的获利来源，以便合理地评价过去，准确地预测未来。这份损益表的不足之处在于：一是没有列报比较信息，缺少评价基础和预测参考，降低了信息的有用性。二是将原与管理费用、财务费用在同一阶段列示的销售费用改为与产品销售成本同阶段列示，混淆了销售费用与销售成本在成本性态上的差异。

为顺应我国经济体制的发展和资本市场的不断完善，财政部于1998年1月27日制定了《股份有限公司会计制度》[①]，并对利润表列报作出相关规定，具体格式见附表1-4。相对于1992年的损益表，这份利润表发生了实质性改进。第一，明确了会计主体，划清了与政府的利益界线，如单独列示"所得税"项目和"补贴收入"项目。第二，将"所得税"单独列示后，明确了净利润概念，为投资者评价经营者的贡献提供了直接指标。第三，提高了报表的通用性，用"主营业务"代替了"产品销售"，抹平了过去不同行业企业的报表差异。第四，在利润表中看到了单独列示的"存货跌价损失"，提醒信息使用者注意资产的持有损失。但美中不足的是，没有将所有的资产减值损失单独列示[②]，如"坏账损失"在"管理费用"中反映，"短期投资跌价准备"在"投资收益"中反映，降低了利润表的清晰性。

2000年12月29日，财政部颁布了《企业会计制度》[③]，其中对利润表的列报作出了相关规定，具体格式见附表1-5。这张利润表基本承袭了1998年的相关规定，没有明显改进。但由于该制度要求企业应当对可能发生的各项资产损失计提资产减值准备[④]，可能发生资产减值损失的并非仅有存货，因此利润表不再单独列示"存货跌价损失"，也不披露具体资产减值损失信息，而是将它们分散在各费用项目中，通过统一对资产减值损失的处理，提高利润表的清晰度。同时，考虑到"资产

---

① 该制度从1998年1月1日开始执行，适用于按照规定程序，经批准设立的股份有限公司。

② 1999年10月财政部发布了《股份有限公司会计制度有关会计处理问题补充规定》，要求上市公司均应按《股份有限公司会计制度》的规定提取坏账准备、存货跌价准备、短期投资跌价准备和长期投资减值准备。

③ 该制度从2001年1月1日开始执行，除不对外筹集资金、经营规模较小的企业以及金融保险企业以外，在中华人民共和国境内设立的企业（含公司）执行该制度。

④ 具体包括：存货跌价损失、坏账损失、短期投资跌价损失、长期投资减值损失、委托贷款减值损失、固定资产减值损失、在建工程减值损失和无形资产减值损失。

减值损失"信息披露的不充分，在利润表之外增设"资产减值明细表"。这一变化的优点是对所有资产减值损失在列报时一视同仁，避免投资者的误解，缺点是"资产持有损失"从利润表中彻底消失了。

在这一阶段，我国市场经济体制下的利润表列报开始不断完善，但仍然存在以下缺陷：第一，直接列示"其他业务利润"，缺少完整的其他业务收入、其他业务成本和其他业务销售税金及附加等配比信息，不利于信息使用者看到企业完整的营业活动获利信息。第二，利润表列示至净利润结束，只有总额信息，缺少与企业规模相配比的获利水平信息，降低了不同企业之间信息的可比性。第三，利润表中没有列报企业不同时期的比较信息，不利于信息使用者评价过去、预测未来，降低了信息的有用性。

（2）资产负债观下的综合收益列报阶段

从 20 世纪末以来，全球经济日趋一体化，各国经济与世界经济的融合发展对作为国际通用商业语言的会计信息提出了新要求，同时也注入了新活力。我国在坚持中国特色的同时，妥善处理了与国际财务报告准则的趋同问题。在这一历史背景下，盈余报告也发生了一系列深刻变化。

2006 年 2 月 15 日财政部颁布了新的企业会计准则，会计理念由收入费用观转变为资产负债观，计量属性中引入了公允价值。第一次制定了《财务报表列报》准则，并对利润表披露作出了重大调整，具体格式见附表 1-6。与以往的利润表相比，此次变化主要体现在以下几点：第一，不再区分主营业务与其他业务，统一作为营业业务进行相同的会计核算。这主要是由于企业逐渐从专业化经营转向多元化发展，主营业务与其他业务的界限已经很模糊，从成本效益角度考虑，不再有分别列示的必要。第二，将"投资收益"项目纳入企业的营业利润，即企业利用资产对外投资所获得的收益也属于营业利润，改变了以往营业利润仅反映企业通过自身生产或劳务供应活动所产生的经常性收益的状况。第三，将"资产减值损失"从各费用项目中剥离出来汇总反映，同时，新增"公允价值变动收益"项目，并将这两项都纳入营业利润范围内反映，这种变化充分体现了会计损益的确认开始突破实现原则的束缚，从过去的"收入费用观"向"资产负债观"转变。第四，增列"每股收益"信息，通过将净利润与股本的配比，弥补了"净利润"总额指标的缺陷。第五，增列"上期金额"栏，通过与"本期金额"的比较，为评价过去和预测未来提供了依据。同时，在传统三大报表——资产负债表、利润表、现金流量表基础上，又新增了一张"所有者权益变动表"，并将其他综合收益（即"直接计入所有者权益的利得和损失"）和综合收益（即净利润与其他综合收益之和）在所有者权益变动表中进行披露。

2009 年 6 月 11 日，财政部发布《企业会计准则解释第 3 号》，要求企业在利润表"每股收益"项目后增列"其他综合收益"项目和"综合收益总额"项目。具体列示见附表 1-7。这次变化是我国第一次以准则的形式明确综合收益概念，并且将综合收益作为盈余信息在利润表中进行披露，弥补了过去利润表中未列报完整损益的缺陷，这充分体现了财务报表列报的资产负债观理念。

2012 年 5 月 31 日财政部发布《财务报表列报（征求意见稿）》，要求企业在利润表中对费用按功能分类，并对其他综合收益的列报作出明确规定，进一步实现财务报表列报的国际趋同。2014 年 1 月 26 日，财政部对《企业会计准则第 30 号——财务报表列报》进行了修订，首次在准则中定义了综合收益和其他综合收益两个概念，并明确了"其他综合收益"需要按照是否能重分类进"损益"，进一步划分为"以后会计期间不能重分类进损益的其他综合收益项目"和"以后会计期间在满足规定条件时将重分类进损益的其他综合收益项目"两类区别列报。具体格式见附表 1-8。

2017 年 12 月 25 日财政部发布了《财政部关于修订印发一般企业财务报表格式的通知》，对一般企业财务报表格式进行了修订。具体格式见附表 1-9。针对利润表，在"营业利润"之上新增"资产处置收益"项目和"其他收益"项目，在"净利润"之下新增"持续经营净利润"和"终止经营净利润"项目。其中，新增的"资产处置收益"项目反映企业出售划分为持有待售的非流动资产（金融工具、长期股权投资和投资性房地产除外）或处置组时确认的处置利得或损失，以及处置未划分为持有待售的固定资产、在建工程、生产性生物资产及无形资产而产生的处置利得或损失；债务重组中因处置非流动资产产生的利得或损失和非货币性资产交换产生的利得或损失也包括在这一项目内。这样一来，营业外收入和营业外支出的范围缩小了。新增的"其他收益"项目反映计入其他收益的政府补助等。新增的"持续经营净利润"和"终止经营净利润"分别反映净利润中与持续经营相关的净利润和与终止经营相关的净利润。这标志着《企业会计准则第30号——财务报表列报》中仅在附注中披露的终止经营信息正式进入了利润表。

2018年6月15日，财政部发布《关于修订印发2018年度一般企业财务报表格式的通知》，对一般企业财务报表格式再次进行了修订完善。具体格式见附表1-10。本次修订包含两套财务报表格式，分别适用于尚未执行新金融准则和新收入准则的非金融企业和已执行新金融准则或新收入准则的非金融企业。执行企业会计准则的金融企业应当根据金融企业经营活动的性质和要求，比照一般企业财务报表格式进行相应调整。其中适用于尚未执行新金融准则和新收入准则的企业的利润表变化点主要是分拆项目，并对部分项目的先后顺序进行调整，同时简化部分项目的名称。如新增"研发费用"项目，从"管理费用"项目中分拆"研发费用"项目；在"财务费用"项目下增加"利息费用"和"利息收入"明细项目；"其他收益""资产处置收益""营业外收入""营业外支出"项目核算内容调整；"权益法下在被投资单位不能重分类进损益的其他综合收益中享有的份额"简化为"权益法下不能转损益的其他综合收益"等。适用于已执行新金融准则或新收入准则的企业的利润表除发生以上变化外，还新增与新金融工具准则有关的"信用减值损失""净敞口套期收益""其他权益工具投资公允价值变动""企业自身信用风险公允价值变动""其他债权投资公允价值变动""金融资产重分类计入其他综合收益的金额""其他债权投资信用减值准备""现金流量套期储备"项目；在其他综合收益部分删除与原金融工具准则有关的"可供出售金融资产公允价值变动损益"、"持有至到期投资重分类为可供出售金融资产损益"以及"现金流量套期损益的有效部分"。具体格式见附表1-10。

从 2006 年开始，伴随着财务报告目标、会计理念和计量属性的变化，我国盈余报告列报发生了颠覆性变化，从反映已确认已实现的收益扩展至已确认未实现的收益，并将终止经营信息正式列入利润表。这些变化体现了与 IAS 1 的趋同。但现行的利润表已经包括了"综合收益"的内容，仍沿用"利润表"这一我国特有的称谓，已经不再符合会计准则国际趋同的要求，也容易引起报表使用者的误解。

3.3.3 盈余报告制度变迁国别差异的原因分析

与国外相比，我国盈余报告变迁的步伐落后了近二十年。但这一差异并非我国会计准则制定机构主观期望的，而是由经济发展、公司主体特征和文化因素等一系列客观会计环境因素决定的。

（1）经济发展

经济发展是促使会计准则变革进而影响盈余报告制度的内生性动力。在 20 世纪下半叶，大多数西方国家社会环境和经济发展出现了巨大变化，货币价值变动、衍生金融工具的不断创新和资本市场的进一步完善都对会计理论、会计准则与会计实务提出了更高的要求，促使其不断变革。而我国直到 20 世纪 90 年代初才正式确立社会主义市场经济，对市场经济下会计准则体系的建立还处于探索阶段，1992 年内资企业市场经济体制下的第一份盈余报告才诞生。之后盈余报告虽然发生了一系列变化，但都是在收入费用观主导下的实现原则、配比原则和历史成本框架下进行的非实质性调整。直到 21 世纪初，伴随着我国经济快速发展和全球经济一体化，我国在坚持中国特色的同时，妥善处理了与国际财务报告准则的趋同问题，盈余报告才开始发生一系列深刻变化。

（2）主体自身特征

会计准则变迁除受经济发展的推动外，还受到主体自身特征的影响，如企业特征与披露动机、会计执业力量和会计信息使用者的需求和在准则制定中的参与程度等。长期以来，我国企业股权结构高度集中，公司治理基础较为薄弱，控股股东很容易获得公司信息。因此，作为财务报表编制主体的企业缺乏提供高质量财务报表的动机。同时，在西方国家准则制定过程中，多方力量基于不同的需求和背景积极参与博弈，共同推动了会计准则科学合理的变迁。但在我国，直接影响准则应用水平的会计执业力量和作为财务报表主要受众人群的会计信息使用者在准则制定过程中，并没有积极地表达诉求并与其他方进行博弈，这不利于通过准则变迁建立一种平衡状态。这些因素的共同作用使得我国会计准则变迁的进程更为缓慢。

（3）文化因素

社会文化①影响会计亚文化②，并进而影响会计实务这一现象已引起了学者的广泛关注并取得一系列研究成果。与西方国家相比，我国会计亚文化的突出特点是重统一性和稳健主义。在损益的确认上，表现为规避不确定性意识较强，更愿意运用实现原则和配比原则，对于未实现损益持消极态度；在损益的计量上，更强调统一性，表现出对历史成本的偏好。由此可见，与西方国家不同的文化传统使得中国会计界对会计理念、会计准则制定表现出不同的偏好，并在盈余列报项目和金额计量上充分显现。

3.4　盈余报告变迁动向分析

长期以来，使用者对于现行财务报表列报存在许多批评，与盈余报告相关的问题主要集中在两点：一是现行盈余报告将某些性质不同的项目汇总成一个数字列示，盈余信息没有充分分解，掩盖了一些重要的差异性信息，降低了信息有用性。二是已确认的交易或事项在不同报表间列报时采用的分类标准不同，使用者很难理解报表之间的钩稽关系。如现金流量表按经营、投资和融资分类披露现金流，而资产负债表（或财务状况表）和利润表（或综合收益表）未按此标准分类提供相应信息，使用者很难通过比较"经营资产"、"经营收入"和"经营活动现金流"来评估实体的盈利质量和运营效率。以上问题的出现使学术界和实务界开始关注盈余列报方式的改革。

---

① 荷兰学者霍夫斯蒂德（Geert Hofstede，1984）从四个方面建立了一个文化研究框架：个人主义/集体主义、权力差距的大小、规避不确定性愿望强弱、阳刚/阴柔。
② 格雷（Sidney Gray，1988）提出了一个四维的会计亚文化观，将文化的各种取向与其对会计的影响联系在一起，这四维是：职业化/法律管制、统一性/灵活性、稳健主义/乐观主义、保密/透明。

　　1999 年，G 4+1[①]认为盈余报告从反映已确认已实现的收益扩展至已确认未实现的收益，取得了一定成效，但对于收益来源则缺乏有机的、内在的分类，这使使用者难以获得有关一个企业财务业绩的科学的分类信息，以进一步评价盈余的正常性和经常性，导致了盈余价值相关性的降低。为此，G 4+1 的研究报告建议将企业活动分为经营活动、理财和其他筹资活动及其他，并在盈余报告中对应地报告三种收益：经营收益、理财收益和其他利得和损失。G 4+1 的研究报告推荐了一家典型的制造业主体的财务业绩表，其结构见表 3-1。

表 3-1　　　　　　　　　　G 4+1 研究报告中的财务业绩表　　　　　　　单位：百万美元

经营活动	
收入	775
销售成本	（620）
其他费用	（104）
经营收益	51
理财和其他筹资活动	
债务利息	（26）
金融工具上的利得和损失	8
理财收益	（18）
经营和理财收益	
税前经营和理财收益	33
所得税	（12）
税后经营和理财收益	21
其他利得和损失	
非持续性经营项目处置利润	3
持续经营活动中财产销售利润	6
长期资产重估价	4
关于外币净投资的汇兑折算差额	（2）
税前其他利得和损失	11
来自其他利得和损失的所得税	（4）
税后其他利得和损失	7
合计增加（减少）业主净投资和派给业主款以外的所有者权益	28

　　① G 4+1 由加拿大、新西兰、澳大利亚、英国和美国组成，他们还邀请国际会计准则委员会为观察员。

G 4+1 推荐的这份财务业绩表有两大特点：一是针对当时的研究热点，将反映财务业绩的收益表和综合收益表（或全部已确认利得和损失表）两表合一，表的前三部分（经营活动、理财和其他筹资活动、经营和理财收益）相当于传统的收益表，第四部分（其他利得和损失）相当于增加的第四张报表，这种列报方式让报表使用者更加清楚地看到一个企业财务业绩的全部信息。二是尝试对企业活动进行分类，并按该分类分解盈余信息，实行分类列报，便于使用者更清楚地判断企业的获利能力，更准确地把握发展趋势，更好地预测企业未来业绩。

之后也有相关研究提出各种盈余分类列报方式。但是在过去的20年里，对于盈余报告的改革，准则制定机构更多地将关注点放在了综合收益的确认、计量与报告方面，直至2007年9月，IASB完成对《国际会计准则第1号——财务报表列报》的修订。

2008年10月16日，IASB和FASB针对财务报表列报方式中存在的问题，联合发布《关于财务报表列报初步意见（征求意见稿）》，对未来财务报表进行了"颠覆式"的变革，对表内的分类、再分类及其排列组合提出重大的改变，建议报表列示结构见表3-2。

表3-2 　　《关于财务报表列报初步意见（征求意见稿）》中

财务报表列报基本模式

财务状况表	综合收益表	现金流量表
业务 ✓经营资产与负债 ✓投资资产与负债	业务 ✓经营收入与费用 ✓投资收入与费用	业务 ✓经营现金流量 ✓投资现金流量
筹资 ✓筹资资产 ✓筹资负债	筹资 ✓筹资资产收入 ✓筹资负债支出	筹资 ✓筹资资产现金流量 ✓筹资负债现金流量
所得税	所得税 　持续经营（业务和筹资）的所得税	所得税
终止经营	终止经营 　终止经营扣除所得税后的金额	终止经营
	其他综合收益 　其他综合收益扣除所得税后的金额	
权益		权益

IASB 和 FASB 提出的财务报表分类列报的观点具有很大的新意，它强调报表项目与报表及报表之间的"内在一致性"（即内聚性），能够增进财务报表信息对决策的有用性。从学术研究角度来看，值得关注，并可按照有借鉴、有继承、有创新和渐进式的思路，服务于我们的会计准则改革道路。

第4章 盈余报告实际变迁与盈余价值相关性：综合收益视角

2006 年以来，盈余报告的一大变化体现在引入综合收益概念并最终在利润表中列示。这一变化对盈余价值相关性是否有影响？本部分分别从净利润和综合收益的相对价值相关性和其他综合收益的增量价值相关性两个角度进行验证。具体的，选取 2009—2017 年间 19 543 个中国A 股非金融类上市公司年度数据，同时采用价格模型、超额回报模型和超额价格模型进行检验，但研究结果与理论预期不完全相符。为了全面评价综合收益的价值相关性，本书又选取在沪深市场同时发行 A 股和B 股的上市公司以及中国香港资本市场中的 A+H 股上市公司继续验证，发现在这两个市场中综合收益的价值相关性均优于净利润。这进一步证实了综合收益的优越性。只是在我国资本市场现行条件下，综合收益的价值相关性有待进一步挖掘。

4.1 理论分析与研究假设

2009 年 6 月 11 日，财政部发布了《企业会计准则解释第 3 号》，要求企业在利润表"每股收益"项目下增列"其他综合收益"项目和"综合收益总额"项目。其中，"其他综合收益"项目反映根据企业会计准则规定未在损益中确认的各项利得和损失扣除所得税影响后的净额。"综合收益总额"项目由净利润与其他综合收益构成。2014 年，财政部对《企业会计准则第 30 号——财务报表列报》进行了修订，修订后的《财务报表列报》首次在准则中定义了综合收益和其他综合收益两个概念，并明确了"其他综合收益"需要按照是否能重分类进"损益"分类列报。我国会计准则有关财务报表列报的一系列变革顺应了 IASB 和 FASB 对利润表的改革趋势，强化了"综合收益"的概念，这充分体现了 2006 年准则修订后所侧重的资产负债观。

净利润反映了公司的获利能力，同时反映出股票的投资价值。综合收益包括了企业未在损益中确认的各项利得和损失。净利润和综合收益不仅是公司在一定时期内的经营成果以及公司资本增值的表现形式，而且是评价经营者业绩的一项重要指标。因此，上市公司的净利润和综合收益信息将会成为市场投资者和利益相关者关注的焦点。假如信息包含在净利润和综合收益两项指标之中，则股票价格会受到股票投资者交易行为的影响，净利润和综合收益价值相关性的大小可由股票价格的变化程度来衡量。

基于上述分析，本章提出假设 1：

假设 1：净利润和综合收益均具有价值相关性。

净利润的确认与计量需要遵照历史成本原则、实现原则、配比原则与稳健原则，它只反映了过去的信息，内容缺乏完整性，满足不了会计信息使用者日趋多元化的需求。而综合收益可以把绕过利润表而在资产负债表中反映的未实现收益项目集中起来，既反映根据历史成本原则确认实现的收入、费用、利得或损失，又反映以多种计量属性计价的已确认未实现的利得或损失，解决衍生金融工具、外币换算、资产重估等产生的收益无法在表内披露、确认的难题，使收益报告的内容更加丰富，向会计信息使用者直接提供更全面、更真实的经营业绩信息。因此，净利润的一些不足之处可以由综合收益来弥补，披露综合收益信息能够帮助会计信息使用者作出更加合理的投资决策。从这个角度来说，决策有用观的要求在综合收益上得到了更多的体现。因此，与净利润相比，综合收益指标可以包含更多有用的信息，更加全面地反映企业经营状况，由综合收益引起的股票价格变化程度也会比净利润引起的更大。而且，Feltham 和 Ohlson（1995）的净盈余理论说明，与传统收益表相比，综合收益报告能够为会计信息的使用者提供更具有价值相关性的信息。

基于上述分析，本章提出假设 2：

假设 2：综合收益比净利润具有更高的价值相关性。

在净利润之后披露其他综合收益，不仅反映了本期经营成果，确保传统利润表的完整性，还披露了未在损益中确认的各项利得和损失扣除所得税影响后的净额。将其他综合收益和净利润结合起来，可以全面反映企业在报告期内除股东投入资本和向股东分配股利之外的交易和事项引起的权益变动，更加清楚地看到一个企业财务业绩的全部信息。

基于上述分析，本章提出假设 3：

假设 3：相对于净利润，其他综合收益具有增量价值相关性。

4.2 研究设计

4.2.1 模型设计

为了检验净利润和综合收益的价值相关性，净利润和综合收益的相对价值相关性以及其他综合收益的增量价值相关性，本章借鉴了 Kothari 和 Zimmerman（1995）、Ohlson（1995）、Dhaliwal 等（1999）、程小可（2006）、薛爽等（2008）和李尚荣（2012）等的研究，分别构建了价格模型、超额回报模型和超额价格模型。同时，Ohlson（1995）

认为盈余资本化模型遗失了重要的相关变量，即每股账面净资产变量。因此，我们在每个模型中控制了每股净资产，模型具体如下：

净利润价值相关性研究下的水平模型：

$$P_t = \alpha_0 + \alpha_1 EPS_t + \alpha_2 EPA_t + \varepsilon_t \tag{4-1}$$

$$UR_t = \alpha_0 + \alpha_1 EPS_t + \alpha_2 EPA_t + \varepsilon_t \tag{4-2}$$

$$UP_t = \alpha_0 + \alpha_1 EPS_t + \alpha_2 EPA_t + \varepsilon_t \tag{4-3}$$

综合收益价值相关性研究下的水平模型：

$$P_t = \beta_0 + \beta_1 CI_t + \beta_2 EPA_t + \delta_t \tag{4-4}$$

$$UR_t = \beta_0 + \beta_1 CI_t + \beta_2 EPA_t + \delta_t \tag{4-5}$$

$$UP_t = \beta_0 + \beta_1 CI_t + \beta_2 EPA_t + \delta_t \tag{4-6}$$

其他综合收益增量价值相关性研究下的水平模型：

$$P_t = \lambda_0 + \lambda_1 EPS_t + \lambda_2 OCI_t + \lambda_3 EPA_t + \zeta_t \tag{4-7}$$

$$UR_t = \lambda_0 + \lambda_1 EPS_t + \lambda_2 OCI_t + \lambda_3 EPA_t + \zeta_t \tag{4-8}$$

$$UP_t = \lambda_0 + \lambda_1 EPS_t + \lambda_2 OCI_t + \lambda_3 EPA_t + \zeta_t \tag{4-9}$$

本书采用最小二乘法（OLS）来运行上述模型，由于上述模型均会产生异方差问题，因此还对 t 统计量进行了 White 异方差调整，以期得到更加稳健的实证结果。

4.2.2 变量定义

模型（4-1）至模型（4-9）的被解释变量均分别为股票期末市价（P）、股票超额回报（UR）和股票超额价格（UP）。股票年末市价（P）采用第 t 年 4 月最后一个交易日的股票收盘价；股票超额回报（UR）采用股票的市场实际收益率扣除同期市场指数收益率，市场指数收益率采用考虑现金红利再投资的综合日市场回报率（总市值加权平均法），即 $UR_t = R_t - R\_index_t$，R_t 和 R_index_t 分别为股票 t 期的实际收益率和相应的市场指数收益率，$R_t = (P_t - P_{t-1}) / P_{t-1}$；$UP_t$ 为 t 期内股票的超额价格增量，$UP_t = UR_t \times P_{t-1}$。解释变量为净利润（EPS）、综合收益（CI）和其他综合收益（OCI）。控制变量方面，选取每股净资产（EPA）进行控制。变量的定义见表 4-1：

表 4-1　　　　　　　　　　　　　变量定义

变量代码	变量名称	变量定义
EPS	净利润	利润表中的净利润/总股本
CI	综合收益	利润表中的综合收益/总股本
OCI	其他综合收益	利润表中的其他综合收益/总股本
EPA	每股净资产	净资产/总股本

4.3　样本与描述性统计

我国从 2009 年开始在利润表中披露"其他综合收益"信息和"综合收益"信息。由于本章研究的是利润表下综合收益价值相关性问题，因此本书选择的初始样本为 2009—2017 年间中国 A 股上市公司年度数据。并且，按以下标准对样本进行处理：（1）由于金融类上市公司会计制度等方面的特殊性，对其进行了剔除；（2）剔除了股票市场价格、净利润、综合收益和每股净资产等相关数据缺失的公司；（3）为消除极端值的影响，对所有变量均在 1% 分位数和 99% 分位数进行了 Winsorize 处理。经过上述处理，最后共获得 19 543 个研究样本，所使用数据均来自国泰安（CSMAR）数据库。另外，本章还对在沪深市场同时发行 A 股和 B 股的上市公司以及中国香港资本市场中 A+H 股上市公司的综合收益价值相关性问题进行了实证研究，所使用数据均来自 Wind 数据库。

表 4-2 报告了 A 股公司全样本变量的描述性统计结果。其中，综合收益的均值和中位数均大于净利润。可见，其他综合收益使企业盈余增加。

表 4-3 报告了 A 股公司全样本变量的相关系数。其中，左下三角和右上三角分别为 Pearson 相关系数和 Spearman 相关系数。无论是 Pearson 相关系数，还是 Spearman 相关系数，EPS、CI 和 OCI 均与 P、UR、UP 显著正相关，表明净利润、综合收益和其他综合收益越高，股票年末价格、股票超额回报和股票超额价格也越高。

表 4-2 描述性统计（N=19 543）

变量	均值	中位数	标准差	最小值	25%	75%	最大值	样本量
P	15.106	11.730	11.191	2.950	7.630	18.630	62.750	19 543
UR	0.115	−0.038	0.606	−0.735	−0.290	0.352	2.495	19 543
UP	−1.157	−0.347	10.190	−44.848	−4.127	3.254	27.268	19 543
EPS	0.349	0.262	0.463	−0.953	0.083	0.524	2.197	19 543
CI	0.354	0.278	0.487	−0.978	0.087	0.530	2.367	19 543
OCI	0.003	0.000	0.069	−0.289	0.000	0.000	0.443	19 543
EPA	4.447	3.917	2.637	0.028	2.624	5.702	14.027	19 543

表 4-3 Pearson（Spearman）相关系数

	P	UR	UP	EPS	CI	OCI	EPA
P		0.229***	0.193***	0.472***	0.464***	0.049***	0.462***
UR	0.248***		0.961***	0.004**	0.019***	0.096***	−0.021***
UP	0.172***	0.745***		0.004**	0.018***	0.081***	−0.025***
EPS	0.474***	0.014***	0.009***		0.967***	−0.011	0.612***
CI	0.459***	0.033***	0.021***	0.959***		0.090***	0.597***
OCI	0.032***	0.097***	0.063***	0.023***	0.248***		−0.007
EPA	0.462***	−0.042***	−0.029***	0.614***	0.601***	0.046***	

注：***：1% 水平上显著；**：5% 水平上显著；*：10% 水平上显著。左下三角为 Pearson 相关系数，右上三角为 Spearman 相关系数。

4.4 A 股市场综合收益价值相关性检验

4.4.1 基本实证结果

本章分别采用价格模型、超额回报模型和超额价格模型对上述问题进行检验，结果见表 4-4 至表 4-9。

表 4-4　A 股相对关联下水平模型的 OLS 回归结果（价格模型）

	净利润	综合收益	净利润+其他综合收益
EPS	7.375*** （39.495）		7.377*** （39.509）
CI		6.517*** （36.961）	
OCI			2.023 （0.752）
EPA	1.164*** （35.481）	1.236*** （37.970）	1.162*** （35.376）
截距项	7.358*** （54.030）	7.302*** （53.369）	7.362*** （54.061）
样本量	19 543	19 543	19 543
调整 R²	0.271	0.265	0.271

注：***：1% 水平上显著；**：5% 水平上显著；*：10% 水平上显著。括号内为系数 t 值。

表 4-5　A 股相对关联下水平模型的 White 回归结果（价格模型）

	净利润	综合收益	净利润+其他综合收益
EPS	7.375*** （29.048）		7.377*** （29.065）
CI		6.517*** （26.919）	
OCI			2.023 （0.521）
EPA	1.164*** （28.125）	1.236*** （29.901）	1.162*** （28.030）
截距项	7.358*** （51.070）	7.302*** （50.311）	7.362*** （51.082）
样本量	19 543	19 543	19 543
调整 R²	0.271	0.265	0.271

注：***：1% 水平上显著；**：5% 水平上显著；*：10% 水平上显著。括号内为 White 异方差调整后的系数 t 值。

表4-6　　A 股相对关联下水平模型的 OLS 回归结果（超额回报模型）

	净利润	综合收益	净利润+其他综合收益
EPS	0.112***		0.084***
	（7.019）		（7.134）
CI		0.083***	
		（10.119）	
OCI			0.870
			（1.013）
EPA	−0.019***	−0.022***	−0.020***
	（−8.948）	（−10.784）	（−9.539）
截距项	0.169***	0.174***	0.171***
	（19.628）	（20.211）	（19.960）
样本量	19 543	19 543	19 543
调整 R^2	0.007	0.004	0.004

注：***：1% 水平上显著；**：5% 水平上显著；*：10% 水平上显著。括号内为系数 t 值。

表4-7　A 股相对关联下水平模型的 White 回归结果（超额回报模型）

	净利润	综合收益	净利润+其他综合收益
EPS	0.112***		0.084***
	（6.875）		（6.993）
CI		0.083***	
		（9.772）	
OCI			0.870
			（0.876）
EPA	−0.019***	−0.022***	−0.020***
	（−8.887）	（−10.724）	（−9.485）
截距项	0.169***	0.174***	0.171***
	（18.541）	（19.083）	（18.842）
样本量	19 543	19 543	19 543
调整 R^2	0.007	0.004	0.004

注：***：1% 水平上显著；**：5% 水平上显著；*：10% 水平上显著。括号内为 White 异方差调整后的系数 t 值。

表 4-8　　A 股相对关联下水平模型的 OLS 回归结果（超额价格模型）

	净利润	综合收益	净利润+其他综合收益
EPS	1.244***		1.254***
	(4.745)		(4.807)
CI		0.959***	
		(6.737)	
OCI			9.468***
			(9.033)
EPA	−0.216***	−0.253***	−0.228***
	(−6.164)	(−7.342)	(−6.528)
截距项	−0.527***	−0.475***	−0.505***
	(−3.634)	(−3.277)	(−3.488)
样本量	19 543	19 543	19 543
调整 R^2	0.004	0.003	0.006

注：***：1% 水平上显著；**：5% 水平上显著；*：10% 水平上显著。括号内为系数 t 值。

表 4-9　　A 股相对关联下水平模型的 White 回归结果（超额价格模型）

	净利润	综合收益	净利润+其他综合收益
EPS	1.244***		1.254***
	(4.076)		(4.131)
CI		0.959***	
		(5.787)	
OCI			9.468***
			(10.519)
EPA	−0.216***	−0.253***	−0.228***
	(−5.339)	(−6.295)	(−5.658)
截距项	−0.527***	−0.475***	−0.505***
	(−3.642)	(−3.280)	(−3.500)
样本量	19 543	19 543	19 543
调整 R^2	0.004	0.003	0.006

注：***：1% 水平上显著；**：5% 水平上显著；*：10% 水平上显著。括号内为 White 异方差调整后的系数 t 值。

　　表 4-4、表 4-5 报告了采用价格模型进行检验的结果。回归结果显示，净利润（EPS）的估计系数为 7.375，不管是 OLS 的 t 值还是 White 的 t 值均在 1% 水平下显著为正，通过了显著性检验，表明净利润越高，股票年末市价越高，说明净利润具有价值相关性，模型整体调整后 R^2 为 0.271，说明模型整体拟合优度较高。综合收益（CI）的估计系数为 6.517，不管是 OLS 的 t 值还是 White 的 t 值，均在 1% 水平下显著为正，通过了显著性检验，表明综合收益越高，股票年末市价越高，说明综合收益具有价值相关性，模型整体调整 R^2 为 0.265，说明模型整体拟合优度较高。上述结果验证了假设 1。同时，EPS 的估计系数（7.375）高于 CI 的估计系数（6.517），并且净利润模型的整体调整 R^2（0.271）高于综合收益模型的整体调整 R^2（0.265），表明净利润比综合收益具有更高的价值相关性，该结果尚未验证假设 2。并且其他综合收益（OCI）的估计系数为 2.023，未通过显著性检验，该结果也尚未验证假设 3。

　　表 4-6、表 4-7 报告了采用超额回报模型进行检验的结果。回归结果显示，净利润（EPS）的估计系数为 0.112，在 1% 水平下显著为正，综合收益（CI）的估计系数为 0.083，在 1% 水平下显著为正，表明净利润和综合收益越高，股票超额回报越高，说明净利润和综合收益均具有价值相关性，该结果验证了假设 1。同时，EPS 的估计系数（0.112）高于 CI 的估计系数（0.083），并且净利润模型的整体调整 R^2（0.007）高于综合收益模型的整体调整 R^2（0.004），表明净利润比综合收益具有更高的价值相关性，该结果尚未验证假设 2。并且其他综合收益（OCI）的估计系数为 0.870，没有通过显著性检验，该结果尚未验证假设 3。

　　表 4-8、表 4-9 报告了采用超额价格模型进行检验的结果。回归结果显示，净利润（EPS）的估计系数为 1.244，在 1% 水平下显著为正，综合收益（CI）的估计系数为 0.959，在 1% 水平下显著为正，表明净利润和综合收益越高，股票超额价格越高，说明净利润和综合收益均具有价值相关性，该结果也验证了假设 1。同时，EPS 的估计系数（1.244）高于 CI 的估计系数（0.959），且净利润模型的整体调整

R^2（0.004）高于综合收益模型的整体调整 R^2（0.003），该结果尚未验证假设 2。其他综合收益（OCI）的估计系数为 9.468，在 1% 水平下显著为正，表明其他综合收益越高，股票超额价格越高，说明其他综合收益相对于净利润具有正向增量价值相关性，因此该结果验证了假设 3。

综上所述，分别采用价格模型、超额回报模型和超额价格模型均能发现，净利润和综合收益具有价值相关性，假设 1 得到了验证；采用价格模型、超额回报模型和超额价格模型均发现，净利润比综合收益具有更高的价值相关性，假设 2 尚未得到验证；然而，采用超额价格模型发现，其他综合收益相对于净利润具有正向增量价值相关性，假设 3 在超额价格模型下得到了验证。

4.4.2　分年度回归的实证结果

为了观测净利润和综合收益的价值相关性、净利润和综合收益的相对价值相关性大小以及其他综合收益的增量价值相关性的年度变化情况，本节对其进行了分年度回归检验。

表 4-10、表 4-11 和表 4-12 分别报告了采用价格模型对净利润和综合收益价值相关性、净利润和综合收益的相对价值相关性大小以及其他综合收益的增量价值相关性的年度变化情况进行分年度回归的检验结果。2009 年至 2017 年的回归结果显示，净利润（EPS）和综合收益（CI）的估计系数均在 1% 水平下显著为正，表明净利润和综合收益越高，股票年末价格越高，说明净利润和综合收益具有价值相关性，该结果进一步验证了假设 1；同时，EPS 的估计系数均高于 CI 的估计系数，并且净利润模型的整体调整 R^2 均高于综合收益模型的整体调整 R^2，表明净利润比综合收益具有更高的价值相关性，假设 2 未得到验证。而其他综合收益（OCI）的估计系数在 2011 年、2016 年和 2017 年显著为正，其他年份都没有通过检验，甚至在 2009 年、2012 年和 2014 年的回归结果中在 1% 水平下显著为负，表明在这些年度其他综合收益相对于净利润具有负向增量价值相关性，这与高薪云（2010）的结论一致。

表 4-10　　A 股净利润价值相关性的分年度回归结果（价格模型）

	2009	2010	2011	2012	2013	2014	2015	2016	2017
EPS	9.757***	9.784***	6.607***	8.360***	7.352***	6.325***	7.004***	6.847***	9.643***
	(19.318)	(13.547)	(16.958)	(25.356)	(15.688)	(14.156)	(10.616)	(11.649)	(20.425)
EPA	1.234***	1.398***	1.144***	0.758***	1.134***	1.075***	1.229***	1.334***	1.069***
	(11.364)	(9.857)	(16.047)	(13.018)	(13.418)	(13.618)	(10.630)	(14.497)	(13.448)
截距项	7.587***	7.281***	3.610***	4.188***	4.866***	7.662***	14.149***	9.175***	5.905***
	(21.652)	(15.414)	(12.746)	(16.929)	(13.496)	(22.569)	(27.799)	(23.236)	(17.431)
样本量	1 444	1 539	1 878	2 150	2 300	2 302	2 425	2 644	2 861
调整 R^2	0.477	0.359	0.451	0.466	0.316	0.293	0.176	0.254	0.380

注：***：1% 水平上显著；**：5% 水平上显著；*：10% 水平上显著。括号内为系数 t 值。

表 4-11　　A 股综合收益价值相关性的分年度回归结果（价格模型）

	2009	2010	2011	2012	2013	2014	2015	2016	2017
CI	6.241***	7.540***	6.368***	7.821***	6.793***	5.089***	6.169***	5.998***	9.099***
	(12.844)	(11.680)	(17.234)	(24.241)	(15.179)	(12.079)	(9.988)	(10.756)	(20.330)
EPA	1.646***	1.700***	1.184***	0.777***	1.184***	1.164***	1.276***	1.402***	1.111***
	(14.378)	(12.487)	(17.094)	(13.160)	(14.148)	(14.563)	(11.048)	(15.358)	(14.175)
截距项	7.016***	7.067***	3.633***	4.225***	4.823***	7.570***	14.119***	9.110***	5.945***
	(18.925)	(14.790)	(12.852)	(16.868)	(13.340)	(22.006)	(27.622)	(22.996)	(17.516)
样本量	1 444	1 539	1 878	2 150	2 300	2 302	2 425	2 644	2 861
调整 R^2	0.409	0.341	0.450	0.455	0.312	0.277	0.172	0.249	0.379

注：***：1% 水平上显著；**：5% 水平上显著；*：10% 水平上显著。括号内为系数 t 值。

表 4-12　　　　A 股其他综合收益价值相关性的分年度回归结果（价格模型）

	2009	2010	2011	2012	2013	2014	2015	2016	2017
EPS	9.672***	9.791***	6.664***	8.372***	7.349***	6.337***	7.014***	6.844***	9.631***
	(19.302)	(13.554)	(17.158)	(25.411)	(15.679)	(14.211)	(10.629)	(11.643)	(20.427)
OCI	−9.249***	2.251	8.872***	−4.748**	1.620	−7.324***	4.103	2.555**	7.893***
	(−5.050)	(0.764)	(3.954)	(−2.130)	(0.489)	(−3.219)	(1.113)	(2.173)	(2.948)
EPA	1.337***	1.395***	1.153***	0.769***	1.134***	1.102***	1.218***	1.338***	1.074***
	(12.199)	(9.831)	(16.226)	(13.163)	(13.418)	(13.909)	(10.498)	(14.520)	(13.520)
截距项	7.523***	7.289***	3.649***	4.162***	4.869***	7.605***	14.176***	9.174***	5.926***
	(21.635)	(15.426)	(12.928)	(16.814)	(13.500)	(22.419)	(27.822)	(23.232)	(17.513)
样本量	1 444	1 539	1 878	2 150	2 300	2 302	2 425	2 644	2 861
调整 R^2	0.486	0.359	0.456	0.467	0.316	0.296	0.176	0.254	0.382

注：***：1% 水平上显著；**：5% 水平上显著；*：10% 水平上显著。括号内为系数 t 值。

表 4-13、表 4-14 和表 4-15 分别报告了采用超额回报模型对净利润和综合收益价值相关性、净利润和综合收益的相对价值相关性大小以及其他综合收益的增量价值相关性的年度变化情况进行分年度回归的检验结果。2009 年至 2017 年的回归结果显示，净利润（EPS）和综合收益（CI）的估计系数均至少在 10% 水平下显著为正，表明净利润和综合收益越高，股票超额回报越高，说明净利润和综合收益具有价值相关性，该结果进一步验证了假设 1；同时，EPS 的估计系数均高于 CI 的估计系数，但净利润模型的整体调整 R^2 与综合收益模型的整体调整 R^2 并没有明显的区别。其他综合收益（OCI）的估计系数在 2012 年、2014 年、2015 年、2016 年和 2017 年显著为正，其他年份没有通过检验。可能随着其他综合收益披露制度的执行，其规范程度和受重视程度逐步增强，从 2014 年开始其他综合收益的增量价值相关性开始逐步显现。

表 4-13　　　　A 股净利润价值相关性的分年度回归结果

（超额回报模型）

	2009	2010	2011	2012	2013	2014	2015	2016	2017
EPS	0.104**	0.140***	0.127***	0.225***	0.132***	0.084***	0.059*	0.008**	0.330***
	(2.062)	(4.552)	(9.327)	(12.996)	(4.898)	(3.194)	(1.770)	(2.444)	(20.339)
EPA	−0.027**	−0.015**	−0.026***	−0.033***	−0.003	0.003	0.002	0.019***	−0.009***
	(−2.527)	(−2.414)	(−10.585)	(−10.771)	(−0.567)	(0.726)	(0.272)	(6.747)	(−3.372)
截距项	1.299***	0.080***	−0.332***	−0.005	0.149***	0.327***	0.503***	−0.281***	−0.285***
	(37.097)	(3.980)	(−33.588)	(−0.357)	(7.196)	(16.384)	(19.575)	(−23.656)	(−24.428)
样本量	1 444	1 539	1 878	2 150	2 300	2 302	2 425	2 644	2 861
调整 R²	0.003	0.013	0.060	0.078	0.013	0.004	0.001	0.024	0.174

注：***：1% 水平上显著；**：5% 水平上显著；*：10% 水平上显著。括号内为系数 t 值。

表 4-14　　　　A 股综合收益价值相关性的分年度回归结果

（超额回报模型）

	2009	2010	2011	2012	2013	2014	2015	2016	2017
CI	0.079*	0.132***	0.109***	0.221***	0.126***	0.039*	0.046**	0.004***	0.308***
	(1.728)	(4.870)	(8.394)	(13.221)	(4.918)	(1.787)	(2.487)	(4.220)	(20.010)
EPA	−0.025**	−0.013**	−0.024***	−0.034***	−0.002	−0.001	0.001	0.018***	−0.007***
	(−2.310)	(−2.359)	(−9.873)	(−10.960)	(−0.482)	(−0.225)	(0.103)	(6.682)	(−2.757)
截距项	1.295***	0.080***	−0.333***	−0.002	0.149***	0.334***	0.505***	−0.281***	−0.284***
	(37.134)	(3.970)	(−33.547)	(−0.157)	(7.193)	(16.632)	(19.591)	(−23.626)	(−24.269)
样本量	1 444	1 539	1 878	2 150	2 300	2 302	2 425	2 644	2 861
调整 R²	0.002	0.014	0.052	0.080	0.013	0.001	0.000	0.024	0.171

注：***：1% 水平上显著；**：5% 水平上显著；*：10% 水平上显著。括号内为系数 t 值。

表 4-15　　A 股其他综合收益价值相关性的分年度回归结果

（超额回报模型）

	2009	2010	2011	2012	2013	2014	2015	2016	2017
EPS	0.106**	0.141***	0.126***	0.224***	0.131***	0.085***	0.059*	0.008**	0.330***
	(2.097)	(4.584)	(9.243)	(12.965)	(4.883)	(3.244)	(1.763)	(2.440)	(20.331)
OCI	0.197	0.26	-0.192**	0.320***	0.260	0.599***	0.089**	0.062***	0.074***
	(1.066)	(2.141)	(-2.447)	(2.740)	(1.370)	(4.480)	(2.080)	(3.700)	(3.797)
EPA	-0.030***	-0.015**	-0.027***	-0.034***	-0.003	0.001	0.001	0.019***	-0.009***
	(-2.681)	(-2.475)	(-10.670)	(-10.981)	(-0.562)	(0.254)	(0.230)	(6.711)	(-3.356)
截距项	1.300***	0.081***	-0.333***	-0.003	0.149***	0.332***	0.504***	-0.281***	-0.284***
	(37.113)	(4.035)	(-33.698)	(-0.219)	(7.219)	(16.661)	(19.573)	(-23.651)	(-24.404)
样本量	1 444	1 539	1 878	2 150	2 300	2 302	2 425	2 644	2 861
调整 R²	0.003	0.015	0.063	0.080	0.014	0.013	0.000	0.024	0.174

注：***：1% 水平上显著；**：5% 水平上显著；*：10% 水平上显著。括号内为系数 t 值。

表 4-16、表 4-17 和表 4-18 分别报告了采用超额价格模型对净利润和综合收益价值相关性、净利润和综合收益的相对价值相关性大小以及其他综合收益的增量价值相关性的年度变化情况进行分年度回归的检验结果。2009 年至 2017 年的回归结果显示，净利润（EPS）和综合收益（CI）的估计系数均至少在 10% 水平下显著为正，表明净利润和综合收益越高，股票超额价格越高，说明净利润和综合收益具有价值相关性，该结果进一步验证了假设 1；同时，除 2012 年以外，回归结果中 EPS 的估计系数均高于 CI 的估计系数，净利润模型的整体调整 R² 也高于或等于综合收益模型的整体调整 R²，2012 年的回归结果中 CI 的估计系数大于 EPS 的估计系数，并且综合收益模型的整体调整后 R² 也高于净利润模型的整体调整 R²，说明在 2012 年的回归结果中综合收益比净利润具有更高的价值相关性。其他综合收益（OCI）的估计系数在 2012 年、2013 年、2014 年、2016 年和 2017 年显著为正。可能受 2015 年中国股市投机性因素的影响，这类企业基本面中其他综合收益的增量信息

更难以被投资者甄别和关注，其他综合收益（OCI）的估计系数没有通过检验。但该结果也从一定程度上表明其他综合收益的增量价值相关性开始逐步显现。

表 4-16　　　A 股净利润价值相关性的分年度回归结果

（超额价格模型）

	2009	2010	2011	2012	2013	2014	2015	2016	2017
EPS	4.372***	3.102***	1.102*	2.119***	1.668***	1.715***	0.218***	1.653**	5.510***
	(12.401)	(5.445)	(1.829)	(6.330)	(4.597)	(4.456)	(4.037)	(2.549)	(10.023)
EPA	0.551***	−0.255**	−1.841***	−0.548***	0.117*	0.405***	0.566***	0.297***	−0.546***
	(7.261)	(−2.280)	(−16.707)	(−9.271)	(1.784)	(5.949)	(6.652)	(2.928)	(−5.893)
截距项	4.151***	0.408	−2.005***	−0.217	0.438	0.490*	3.155***	−7.545***	−4.997***
	(16.970)	(1.094)	(−4.580)	(−0.864)	(1.568)	(1.676)	(8.422)	(−17.318)	(−12.668)
样本量	1 444	1 539	1 878	2 150	2 300	2 302	2 425	2 644	2 861
调整 R^2	0.272	0.020	0.182	0.038	0.022	0.015	0.026	0.003	0.034

注：***：1% 水平上显著；**：5% 水平上显著；*：10% 水平上显著。括号内为系数 t 值。

表 4-17　　　A 股综合收益价值相关性的分年度回归结果

（超额价格模型）

	2009	2010	2011	2012	2013	2014	2015	2016	2017
CI	2.830***	2.611***	0.438***	2.190***	1.576***	1.257***	0.130**	1.184*	5.200***
	(8.647)	(5.195)	(4.764)	(6.759)	(4.563)	(3.497)	(2.287)	(1.930)	(9.982)
EPA	0.730***	−0.189*	−1.762***	−0.566***	0.124*	0.367***	0.554***	0.255**	−0.522***
	(9.466)	(−1.784)	(−16.406)	(−9.542)	(1.924)	(5.373)	(6.536)	(2.536)	(−5.725)
截距项	3.901***	0.364	−2.076***	−0.177	0.433	0.537*	3.177***	−7.498***	−4.974***
	(15.619)	(0.978)	(−4.737)	(−0.706)	(1.552)	(1.828)	(8.466)	(−17.208)	(−12.589)
样本量	1 444	1 539	1 878	2 150	2 300	2 302	2 425	2 644	2 861
调整 R^2	0.234	0.018	0.180	0.040	0.022	0.012	0.026	0.002	0.033

注：***：1% 水平上显著；**：5% 水平上显著；*：10% 水平上显著。括号内为系数 t 值。

表4-18　　A股其他综合收益价值相关性的分年度回归结果

（超额价格模型）

	2009	2010	2011	2012	2013	2014	2015	2016	2017
EPS	4.356***	3.113***	0.999*	2.096***	1.661***	1.721***	0.025	1.649**	5.512***
	(12.352)	(5.465)	(1.666)	(6.280)	(4.579)	(4.474)	(0.052)	(2.542)	(10.024)
OCI	−1.734	3.414	−16.126***	8.641***	4.450*	3.748*	3.221	3.949**	1.165***
	(−1.345)	(1.471)	(−4.656)	(3.827)	(1.737)	(1.910)	(1.187)	(2.223)	(4.373)
EPA	0.570***	−0.260**	−1.857***	−0.567***	0.117*	0.391***	0.558***	0.292***	−0.546***
	(7.387)	(−2.321)	(−16.936)	(−9.592)	(1.792)	(5.719)	(6.529)	(2.874)	(−5.899)
截距项	4.139***	0.421	−2.077***	−0.169	0.446	0.519*	3.176***	−7.543***	−5.000***
	(16.914)	(1.130)	(−4.767)	(−0.672)	(1.598)	(1.773)	(8.469)	(−17.316)	(−12.671)
样本量	1 444	1 539	1 878	2 150	2 300	2 302	2 425	2644	2861
调整 R^2	0.272	0.021	0.191	0.044	0.023	0.016	0.026	0.003	0.033

注：***：1% 水平上显著；**：5% 水平上显著；*：10% 水平上显著。括号内为系数 t 值。

4.4.3　水平与变化收益模型的实证结果

为了更进一步检验上述研究结论的稳健性，作者借鉴 Easton 和 Hirris（1991）、程小可（2006）提出的水平与变化收益模型（level and change model）。在水平与变化收益模型中，被解释变量采用股票市场收益，即前文所指的 R_t，$R_t=（P_t-P_{t-1}）/P_{t-1}$。解释变量不仅包括水平收益项，还包括变化收益项。具体的水平与变化收益模型如下所示：

净利润价值相关性研究下的水平与变化收益模型：

$$R_t = \alpha_0 + \alpha_1 EPS_t + \alpha_2 DEPS_t + \alpha_3 EPA_t + \varepsilon_t \qquad (4-10)$$

综合收益价值相关性研究下的水平与变化收益模型：

$$R_t = \beta_0 + \beta_1 CI_t + \beta_2 DCI_t + \beta_3 EPA_t + \delta_t \qquad (4-11)$$

其他综合收益增量价值相关性研究下的水平与变化收益模型：

$$R_t = \lambda_0 + \lambda_1 EPS_t + \lambda_2 DEPS_t + \lambda_3 OCI_t + \lambda_4 DOCI_t + \lambda_5 EPA_t + \zeta_t \qquad (4-12)$$

其中：DEPS 为第 t 期与第 t−1 期的每股净利润差额；DCI 为第 t 期与第 t−1 期的每股综合收益差额；DOCI 为第 t 期与第 t−1 期的每股其他综合收益差额。

表 4−19 报告了净利润、综合收益和其他综合收益的相对关联下水平与变化收益模型的回归结果。回归结果显示，EPS、CI 和 OCI 的估计系数均显著为正，结果表明在水平与变化收益模型下，净利润和综合收益均具有价值相关性，其他综合收益相对于净利润具有增量价值相关性。同时，EPS 的估计系数（0.118）高于 CI 的估计系数（0.095），并且净利润模型的整体调整 R^2（0.048）高于综合收益模型的整体调整 R^2（0.042），这也表明了净利润比综合收益具有更高的价值相关性。

表 4−19　　　A 股相对关联下水平与变化收益模型回归结果

	净利润	综合收益	净利润+其他综合收益
EPS	0.118*** (10.398)		0.116*** (10.270)
DEPS	0.329*** (28.066)		0.328*** (28.006)
CI		0.095*** (8.676)	
DCI		0.271*** (25.863)	
OCI			0.359*** (4.459)
DOCI			0.021 (0.397)
EPA	0.019*** (10.333)	0.017*** (9.413)	0.019*** (10.003)
截距项	0.007 (0.899)	0.008 (1.006)	0.008 (1.132)
样本量	16 682	16 682	16 682
调整 R^2	0.048	0.042	0.050

注：***：1% 水平上显著；**：5% 水平上显著；*：10% 水平上显著。括号内为系数 t 值。

4.4.4　结论

本节采用 2009—2017 年间 19 543 个中国 A 股非金融类上市公司作为研究样本，同时采用价格模型、超额回报模型和超额价格模型，研究了综合收益的价值相关性问题，具体研究了净利润和综合收益的价值相关性以及相对价值相关性的大小，而且还研究了其他综合收益相对于净利润的增量价值相关性等问题。在基本实证研究中，假设 1 得到验证，假设 2 未得到验证，其中超额价格模型分析结果支持假设 3。在进一步的分年度回归中，假设 1 得到验证，假设 2 未得到验证，但已有证据表明其他综合收益的增量价值相关性开始逐步显现。采用水平与变化收益模型作为稳健性检验，假设 1 和假设 3 得到验证，但假设 2 未得到验证。上述结果表明，综合收益和净利润均具有价值相关性，前者价值相关性并未优于后者，但已有微弱的证据证明，在中国，资本市场综合收益的价值相关性在逐步增强。

4.5　A+B 股市场综合收益价值相关性检验

由于我国 A 股资本市场还有很多不完善之处，实证结果表明披露综合收益并不具有更高的价值相关性，这与理论预期不符。考虑到外部资本市场监管机制、投资者捕捉信息的动机和能力限制等因素的影响，本书进一步以在沪深市场同时发行 A 股和 B 股的上市公司为样本，继续检验综合收益的价值相关性。

4.5.1　基本实证结果

本节利用 2009—2017 年在沪深市场同时发行 A 股和 B 股的 738 个上市公司年度数据，分别采用价格模型、超额回报模型和超额价格模型对净利润和综合收益项目的价值相关性、净利润和综合收益的相对价值相关性大小以及其他综合收益的增量价值相关性问题进行检验。实证检验结果见表 4-20 和表 4-21。

表 4-20 报告了采用价格模型进行检验的结果。回归结果显示，净

利润（EPS）的估计系数为 6.958，在 1% 水平下显著为正，通过显著性检验，说明净利润具有价值相关性。综合收益（CI）的估计系数为 7.949，在 1% 水平下显著为正，通过显著性检验，说明综合收益具有价值相关性。上述结果验证了假设 1。同时，CI 的估计系数（7.949）高于 EPS 的估计系数（6.958），并且综合收益模型的整体调整 R^2（0.405）也高于净利润模型的整体调整 R^2（0.399），表明综合收益比净利润具有更高的价值相关性，该结果验证了假设 2。另外，在净利润的基础上增加其他综合收益变量，模型整体调整 R^2 提高到 0.407，并且其他综合收益（OCI）的估计系数为 2.988，在 10% 水平下显著为正，说明相对于净利润，其他综合收益具有增量价值相关性，该结果验证了假设 3。上述结果表明，在价格模型下，采用在沪深市场同时发行 A 股和 B 股的上市公司年度数据，本章的三个基本假设都得到了验证，说明在 A+B 股上市公司中综合收益具有更高的价值相关性。

表 4-20　　　　　**A+B 股相对关联下水平模型回归结果**

（价格模型）

	净利润	综合收益	净利润+其他综合收益
EPS	6.958***		8.038***
	(10.293)		(10.867)
CI		7.949***	
		(10.749)	
OCI			2.988*
			(1.889)
EPA	0.862***	0.733***	0.714***
	(6.350)	(5.186)	(5.055)
截距项	6.582***	6.797***	6.803***
	(11.934)	(12.316)	(12.348)
样本量	738	738	738
调整 R^2	0.399	0.405	0.407

注：***：1% 水平上显著；**：5% 水平上显著；*：10% 水平上显著。括号内为系数 t 值。

表 4-21 报告了采用超额回报模型进行检验的结果。回归结果显示，净利润（EPS）的估计系数在 10% 水平下显著为正，综合收益（CI）的估计系数在 1% 水平下显著为正，说明净利润和综合收益都具有价值相关性，该结果验证了假设 1。CI 的估计系数（0.162）高于 EPS 的估计系数（0.061），并且综合收益模型的整体调整 R^2（0.020）也高于净利润模型的整体调整 R^2（0.005），表明综合收益比净利润具有更高的价值相关性，该结果验证了假设 2。另外，在净利润的基础上增加其他综合收益变量，模型整体调整 R^2 提高到 0.040，并且其他综合收益（OCI）的估计系数为 0.561，在 1% 水平下显著为正，说明其他综合收益相对于净利润具有增量价值相关性，该结果验证了假设 3。上述结果表明，在超额回报模型下，本章的三个基本假设都得到了验证。

表 4-21 A+B 股相对关联下水平模型回归结果

（超额回报模型）

	净利润	综合收益	净利润+其他综合收益
EPS	0.061* (1.803)		0.077* (1.862)
CI		0.162*** (3.563)	
OCI			0.561*** (5.295)
EPA	−0.022** (−2.293)	−0.037*** (−4.022)	−0.025*** (−2.690)
截距项	0.283*** (7.536)	0.300*** (8.090)	0.284*** (7.703)
样本量	738	738	738
调整 R^2	0.005	0.020	0.040

注：***：1% 水平上显著；**：5% 水平上显著；*：10% 水平上显著。括号内为系数 t 值。

表 4-22 报告了采用超额价格模型进行检验的结果。回归结果显
示，净利润（EPS）和综合收益（CI）的估计系数均在 1% 水平下显著
为正，说明净利润和综合收益都具有价值相关性，验证了假设 1。CI 的
估计系数（2.542）高于 EPS 的估计系数（1.848），并且综合收益模型
的整体调整 R^2（0.037）也高于净利润模型的整体调整 R^2（0.017），表
明综合收益比净利润具有更高的价值相关性，该结果验证了假设 2。另
外，在净利润的基础上增加其他综合收益变量，模型整体调整 R^2 提高
到 0.042，并且其他综合收益（OCI）的估计系数为 5.205，在 1% 水平
下显著为正，说明其他综合收益相对于净利润具有增量价值相关性，该
结果验证了假设 3。上述结果表明，在超额价格模型下，本章的三个基
本假设都得到了验证。

表 4-22　　　　　A+B 股相对关联下水平模型回归结果

（超额价格模型）

	净利润	综合收益	净利润+其他综合收益
EPS	1.848***		2.005***
	(3.340)		(3.661)
CI		2.542***	
		(5.104)	
OCI			5.205***
			(4.446)
EPA	−0.122	−0.225**	−0.154
	(−1.158)	(−2.248)	(−1.472)
截距项	0.701*	0.806**	0.711*
	(1.697)	(1.984)	(1.744)
样本量	738	738	738
调整 R^2	0.017	0.037	0.042

注：***：1% 水平上显著；**：5% 水平上显著；*：10% 水平上显著。括号
内为系数 t 值。

综上所述，分别采用价格模型、超额回报模型和超额价格模型均表明，净利润和综合收益都具有价值相关性，验证了假设 1；综合收益比净利润具有更高的价值相关性，该结果验证了假设 2；其他综合收益相对于净利润具有增量价值相关性，该结果验证了假设 3。

4.5.2 分年度回归的实证结果

为了观测在沪深市场同时发行 A 股和 B 股的上市公司净利润和综合收益的价值相关性、净利润和综合收益的相对价值相关性大小以及其他综合收益的增量价值相关性的年度变化情况，本节同样对其进行了分年度回归检验。表 4-23、表 4-24 和表 4-25 分别报告了采用价格模型对净利润和综合收益价值相关性、净利润和综合收益的相对价值相关性大小以及其他综合收益的增量价值相关性进行分年度回归的检验结果。2009 年到 2017 年的回归结果显示，净利润（EPS）和综合收益（CI）的估计系数均显著为正，说明净利润和综合收益具有价值相关性，该结果进一步验证了假设 1；同时，CI 的估计系数均高于 EPS 的估计系数，并且综合收益模型的整体调整 R^2 均高于净利润模型的整体调整 R^2，表明综合收益比净利润具有更高的价值相关性，该结果验证了假设 2。另外，在净利润的基础上增加其他综合收益变量，模型整体调整 R^2 都有所提高，并且其他综合收益（OCI）的估计系数也均显著为正，说明其他综合收益相对于净利润具有增量价值相关性，该结果验证了假设 3。

表 4-26、表 4-27 和表 4-28 分别报告了采用超额回报模型对净利润和综合收益价值相关性、净利润和综合收益的相对价值相关性大小以及其他综合收益的增量价值相关性进行分年度回归的检验结果。2009 年到 2017 年的回归结果显示，净利润（EPS）和综合收益（CI）的估计系数均显著为正，说明净利润和综合收益都具有价值相关性，该结果进一步验证了假设 1；同时，CI 的估计系数均高于 EPS 的估计系数，并且综合收益模型的整体调整 R^2 均高于净利润模型的整体调整 R^2，表明综合收益比净利润具有更高的价值相关性，该结果验证了假设 2。另外，在净利润的基础上增加其他综合收益变量，模型整体调整 R^2

表 4-23　　　A+B 股净利润价值相关性的分年度回归结果

（价格模型）

	2009	2010	2011	2012	2013	2014	2015	2016	2017
EPS	8.492***	10.586***	7.468***	10.017***	4.426***	5.985***	6.156**	4.712***	8.717***
	(4.428)	(6.129)	(4.265)	(6.067)	(4.784)	(3.334)	(2.033)	(2.971)	(4.632)
EPA	−0.468	−0.960*	0.677	−0.199	0.866***	1.127***	0.957	0.632	0.730*
	(−1.162)	(−1.798)	(1.543)	(−0.697)	(2.652)	(3.407)	(1.559)	(1.602)	(1.898)
截距项	10.230***	10.021***	3.609**	5.834***	4.626***	5.922***	12.725***	9.302***	4.268**
	(8.972)	(6.818)	(2.528)	(6.153)	(3.714)	(4.236)	(4.511)	(4.822)	(2.359)
样本量	82	82	82	82	82	82	82	82	82
调整 R²	0.568	0.534	0.461	0.605	0.391	0.439	0.244	0.312	0.463

注：***：1% 水平上显著；**：5% 水平上显著；*：10% 水平上显著。括号内为系数 t 值。

表 4-24　　　A+B 股综合收益价值相关性的分年度回归结果

（价格模型）

	2009	2010	2011	2012	2013	2014	2015	2016	2017
CI	9.204***	12.347***	7.767***	11.974***	4.567***	6.063**	7.650*	5.643***	9.217***
	(4.810)	(5.833)	(4.534)	(7.852)	(4.885)	(2.408)	(1.976)	(2.684)	(4.548)
EPA	0.324	0.023	0.832*	−0.257	0.845**	1.311***	1.182**	0.779**	0.818**
	(0.712)	(0.046)	(1.970)	(−0.866)	(2.600)	(3.778)	(2.185)	(2.057)	(2.183)
截距项	8.823***	9.059***	3.750**	5.932***	4.705***	5.555***	11.823***	9.130***	4.471**
	(6.731)	(5.854)	(2.595)	(6.152)	(3.778)	(3.875)	(4.424)	(4.701)	(2.443)
样本量	82	82	82	82	82	82	82	82	82
调整 R²	0.627	0.565	0.534	0.695	0.395	0.467	0.252	0.399	0.560

注：***：1% 水平上显著；**：5% 水平上显著；*：10% 水平上显著。括号内为系数 t 值。

表 4-25　　A+B 股其他综合收益价值相关性的分年度回归结果

（价格模型）

	2009	2010	2011	2012	2013	2014	2015	2016	2017
EPS	10.434***	10.568***	7.383***	10.958***	4.390***	5.912***	6.307**	4.713***	8.703***
	(6.235)	(6.360)	(3.825)	(7.956)	(4.747)	(3.211)	(2.072)	(2.952)	(4.592)
OCI	0.986	0.684	1.949	4.055	7.651	0.603*	3.085**	0.105**	1.235***
	(0.377)	(0.112)	(0.271)	(0.451)	(0.570)	(1.902)	(2.538)	(2.319)	(3.841)
EPA	−0.434	−0.949*	0.700	−0.168	0.868***	1.147***	0.928	0.632	0.734*
	(−1.049)	(−1.732)	(1.558)	(−0.569)	(2.649)	(3.300)	(1.504)	(1.592)	(1.891)
截距项	10.239***	10.014***	3.658**	5.780***	4.729***	5.907***	12.626***	9.302***	4.307**
	(8.929)	(6.765)	(2.527)	(6.017)	(3.741)	(4.194)	(4.458)	(4.791)	(2.339)
样本量	82	82	82	82	82	82	82	82	82
调整 R²	0.623	0.548	0.464	0.610	0.416	0.492	0.258	0.403	0.577

注：***：1% 水平上显著；**：5% 水平上显著；*：10% 水平上显著。括号内为系数 t 值。

都有所提高，并且其他综合收益（OCI）的估计系数也均显著为正，说明其他综合收益相对于净利润具有增量价值相关性，该结果验证了假设 3。

表 4-26　　　A+B 股净利润价值相关性的分年度回归结果

（超额回报模型）

	2009	2010	2011	2012	2013	2014	2015	2016	2017
EPS	0.199***	0.272***	0.084**	0.073**	0.083***	0.004***	0.055***	0.042***	0.168**
	(5.800)	(3.458)	(2.016)	(1.907)	(4.776)	(5.039)	(4.398)	(7.765)	(2.340)
EPA	−0.065	−0.054**	−0.017	−0.031*	−0.008	−0.025	−0.047*	−0.004	0.017
	(−1.344)	(−2.616)	(−1.574)	(−1.920)	(−0.379)	(−1.428)	(−1.682)	(−0.412)	(1.477)
截距项	1.402***	0.069	−0.282***	0.120**	0.207**	0.529***	0.720***	−0.138***	−0.315***
	(10.289)	(1.207)	(−8.067)	(2.259)	(2.471)	(7.219)	(5.603)	(−2.928)	(−5.741)
样本量	82	82	82	82	82	82	82	82	82
调整 R²	0.002	0.121	0.014	0.021	0.016	0.026	0.034	0.017	0.330

注：***：1% 水平上显著；**：5% 水平上显著；*：10% 水平上显著。括号内为系数 t 值。

表 4-27　　A+B 股综合收益价值相关性的分年度回归结果
（超额回报模型）

	2009	2010	2011	2012	2013	2014	2015	2016	2017
CI	0.201*	0.368***	0.090***	0.084*	0.086***	0.091***	0.080**	0.057*	0.260**
	(1.840)	(4.062)	(2.019)	(3.859)	(4.807)	(4.066)	(2.251)	(1.728)	(2.611)
EPA	−0.070	−0.032*	−0.016	−0.029*	−0.008	−0.038**	−0.051**	−0.003	0.019
	(−1.524)	(−1.763)	(−1.514)	(−1.791)	(−0.356)	(−2.169)	(−2.084)	(−0.354)	(1.647)
截距项	1.397***	0.047	−0.280***	0.119**	0.207**	0.545***	0.725***	−0.138***	−0.311***
	(10.537)	(0.824)	(−7.964)	(2.219)	(2.470)	(7.533)	(5.976)	(−2.952)	(−5.624)
样本量	82	82	82	82	82	82	82	82	82
调整 R²	0.004	0.162	0.026	0.025	0.017	0.039	0.038	0.018	0.348

注：***：1% 水平上显著；**：5% 水平上显著；*：10% 水平上显著。括号内为系数 t 值。

表 4-28　　A+B 股其他综合收益价值相关性的分年度回归结果
（超额回报模型）

	2009	2010	2011	2012	2013	2014	2015	2016	2017
EPS	0.213***	0.368***	0.088*	0.079*	0.087***	0.040***	0.060***	0.042***	0.167**
	(5.850)	(4.032)	(1.932)	(1.939)	(4.811)	(5.420)	(4.429)	(7.759)	(2.311)
OCI	0.233**	0.015**	0.049***	0.352*	0.228**	0.298*	0.095**	0.006***	0.062***
	(2.148)	(2.064)	(4.279)	(1.701)	(2.252)	(1.951)	(2.499)	(4.042)	(3.234)
EPA	−0.072	−0.055**	−0.016	−0.028*	−0.008	−0.035*	−0.048*	−0.004	0.017
	(−1.469)	(−2.563)	(−1.487)	(−1.697)	(−0.380)	(−1.955)	(−1.703)	(−0.410)	(1.481)
截距项	1.400***	0.069	−0.281***	0.115**	0.204**	0.536***	0.717***	−0.138***	−0.313***
	(10.243)	(1.201)	(−7.921)	(2.146)	(2.395)	(7.440)	(5.547)	(−2.909)	(−5.604)
样本量	82	82	82	82	82	82	82	82	82
调整 R²	0.007	0.152	0.025	0.023	0.028	0.059	0.042	0.030	0.371

注：***：1% 水平上显著；**：5% 水平上显著；*：10% 水平上显著。括号内为系数 t 值。

表 4-29、表 4-30 和表 4-31 分别报告了采用超额价格模型对净利润和综合收益价值相关性、净利润和综合收益的相对价值相关性大小以及其他综合收益的增量价值相关性进行分年度回归的检验结果。2009年到 2017 年的回归结果显示，净利润（EPS）和综合收益（CI）的估计系数均显著为正，说明净利润和综合收益具有价值相关性，该结果进一步验证了假设 1；同时，CI 的估计系数均高于 EPS 的估计系数，并且综合收益模型的整体调整 R^2 均高于净利润模型的整体调整 R^2，表明综合收益比净利润具有更高的价值相关性，该结果验证了假设 2。另外，在净利润的基础上增加其他综合收益变量，模型整体调整 R^2 都有所提高，并且其他综合收益（OCI）的估计系数也均显著为正，说明其他综合收益相对于净利润具有增量价值相关性，该结果验证了假设 3。

表 4-29　　　A+B 股净利润价值相关性的分年度回归结果

（超额价格模型）

	2009	2010	2011	2012	2013	2014	2015	2016	2017
EPS	4.798***	6.177***	1.284**	1.975*	1.037***	1.932*	1.642***	1.165***	3.369***
	(4.201)	(5.336)	(2.672)	(1.772)	(3.885)	(1.827)	(3.898)	(3.688)	(4.985)
EPA	−0.244	−0.972***	−0.666***	0.023	−0.034	−0.030	−0.113	−0.210	0.273
	(−0.923)	(−3.241)	(−2.763)	(0.091)	(−0.140)	(−0.153)	(−0.304)	(−0.711)	(1.276)
截距项	5.639***	0.763	−2.152***	0.318	1.107	2.561***	5.744***	−3.160**	−5.534***
	(7.532)	(0.924)	(−2.745)	(0.372)	(1.204)	(3.110)	(3.373)	(−2.184)	(−5.495)
样本量	82	82	82	82	82	82	82	82	82
调整 R^2	0.300	0.297	0.070	0.028	0.008	0.050	0.010	0.018	0.336

注：***：1% 水平上显著；**：5% 水平上显著；*：10% 水平上显著。括号内为系数 t 值。

表 4-30　　A+B 股综合收益价值相关性的分年度回归结果

（超额价格模型）

	2009	2010	2011	2012	2013	2014	2015	2016	2017
CI	7.717***	8.059***	1.419**	2.150**	1.065**	2.356**	1.742***	1.268***	3.927***
	(5.649)	(6.169)	(2.423)	(2.587)	(2.308)	(2.484)	(4.089)	(3.748)	(4.675)
EPA	0.045	-0.524*	-0.637***	0.060	-0.029	-0.128	-0.101	-0.208	0.328
	(0.165)	(-1.945)	(-2.760)	(0.227)	(-0.122)	(-0.658)	(-0.309)	(-0.739)	(1.569)
截距项	5.044***	0.331	-2.132***	0.269	1.117	2.637***	5.603***	-3.157**	-5.508***
	(6.446)	(0.391)	(-2.700)	(0.314)	(1.211)	(3.274)	(3.485)	(-2.189)	(-5.390)
样本量	82	82	82	82	82	82	82	82	82
调整 R²	0.390	0.354	0.072	0.032	0.009	0.081	0.015	0.025	0.357

　　注：***：1% 水平上显著；**：5% 水平上显著；*：10% 水平上显著。括号内为系数 t 值。

表 4-31　　A+B 股其他综合收益价值相关性的分年度回归结果

（超额价格模型）

	2009	2010	2011	2012	2013	2014	2015	2016	2017
EPS	7.756***	8.030***	1.402**	2.052*	1.072**	2.315**	1.711***	1.173***	3.394***
	(5.632)	(6.097)	(2.377)	(1.718)	(2.308)	(2.180)	(3.929)	(3.688)	(4.889)
OCI	0.659**	1.100***	0.396*	5.287**	1.552*	3.185*	1.406**	1.127**	2.266***
	(2.384)	(3.320)	(1.700)	(2.154)	(1.856)	(1.850)	(2.556)	(2.477)	(3.465)
EPA	-0.266	-0.953***	-0.661***	0.064	-0.034	-0.137	-0.126	-0.209	0.266
	(-0.978)	(-3.101)	(-2.680)	(0.241)	(-0.141)	(-0.683)	(-0.338)	(-0.703)	(1.233)
截距项	5.634***	0.752	-2.142***	0.247	1.086	2.641***	5.699***	-3.160**	-5.606***
	(7.481)	(0.905)	(-2.694)	(0.286)	(1.162)	(3.251)	(3.328)	(-2.171)	(-5.475)
样本量	82	82	82	82	82	82	82	82	82
调整 R²	0.383	0.347	0.080	0.031	0.020	0.098	0.019	0.030	0.370

　　注：***：1% 水平上显著；**：5% 水平上显著；*：10% 水平上显著。括号内为系数 t 值。

4.5.3　水平与变化收益模型的实证结果

表 4-32 报告了净利润、综合收益和其他综合收益的相对关联下水平与变化收益模型的回归结果。回归结果显示，EPS、CI 和 OCI 的估计系数均显著为正，结果表明在水平与变化收益模型下，净利润和综合收益均具有价值相关性，其他综合收益相对于净利润具有增量价值相关性。同时，CI 的估计系数（0.063）高于 EPS 的估计系数（0.053），并且综合收益模型的整体调整 R^2（0.027）高于净利润模型的整体调整 R^2（0.020），这也表明了综合收益比净利润具有更高的价值相关性。

表 4-32　　A+B 股相对关联下水平与变化收益模型回归结果

	净利润	综合收益	净利润+其他综合收益
EPS	0.053***		0.043***
	(3.183)		(3.958)
DEPS	0.167***		0.167***
	(3.786)		(3.820)
CI		0.063***	
		(4.062)	
DCI		0.134***	
		(3.646)	
OCI			0.393***
			(2.961)
DOCI			−0.042
			(−0.512)
EPA	0.010	0.002	0.007
	(1.218)	(0.252)	(0.944)
截距项	0.053*	0.065**	0.057*
	(1.782)	(2.222)	(1.940)
样本量	656	656	656
调整 R^2	0.020	0.027	0.040

注：***：1% 水平上显著；**：5% 水平上显著；*：10% 水平上显著。括号内为系数 t 值。

4.5.4　样本中剔除其他综合收益为 0 的实证结果

由于存在较多其他综合收益数据为 0 的样本，为了保障本节研究结论的可靠性，我们剔除样本中其他综合收益为 0 的样本，再次进行检验。表 4-33、表 4-34 和表 4-35 分别报告了采用价格模型、超额回报模型和超额价格模型对剔除其他综合收益为 0 样本进行检验的结果。

表 4-33 报告了采用价格模型进行检验的结果。回归结果显示，净利润（EPS）和综合收益（CI）的估计系数均显著为正，说明净利润和综合收益均具有价值相关性。同时，CI 的估计系数（8.679）高于 EPS 的估计系数（6.924），并且综合收益模型的整体调整 R^2（0.406）也高于净利润模型的整体调整 R^2（0.404），表明综合收益比净利润具有更高的价值相关性。另外，在净利润的基础上增加其他综合收益变量，模型整体调整 R^2 提高到 0.409，并且其他综合收益（OCI）的估计系数显著为正，说明其他综合收益相对于净利润具有增量价值相关性。

表 4-33　　　　　　A+B 股（剔除其他综合收益为 0 的样本）

相对关联水平模型回归结果（价格模型）

	净利润	综合收益	净利润+其他综合收益
EPS	6.924***		7.087***
	（7.751）		（7.937）
CI		8.679***	
		（7.512）	
OCI			3.156**
			（2.237）
EPA	0.781***	0.943***	0.752***
	（4.895）	（6.448）	（4.719）
截距项	6.106***	5.823***	6.117***
	（9.671）	（9.312）	（9.724）
样本量	538	538	538
调整 R^2	0.404	0.406	0.409

注：***：1% 水平上显著；**：5% 水平上显著；*：10% 水平上显著。括号内为系数 t 值。

表 4-34 报告了采用超额回报模型进行检验的结果。回归结果显示，净利润（EPS）和综合收益（CI）的估计系数均显著为正，说明净利润和综合收益均具有价值相关性。同时，CI 的估计系数（0.239）高于 EPS 的估计系数（0.090），并且综合收益模型的整体调整 R^2（0.036）也高于净利润模型的整体调整 R^2（0.005），表明综合收益比净利润具有更高的价值相关性。另外，在净利润的基础上增加其他综合收益变量，模型整体调整 R^2 提高到 0.059，并且其他综合收益（OCI）的估计系数显著为正，说明其他综合收益相对于净利润具有增量价值相关性。

表 4-34　　　　A+B 股（剔除其他综合收益为 0 的样本）

相对关联水平模型回归结果（超额回报模型）

	净利润	综合收益	净利润+其他综合收益
EPS	0.090*		0.119*
	（1.772）		（1.864）
CI		0.239***	
		（4.391）	
OCI			0.568***
			（5.620）
EPA	−0.025**	−0.046***	−0.030***
	（−2.124）	（−4.375）	（−2.626）
截距项	0.274***	0.301***	0.276***
	（5.920）	（6.674）	（6.130）
样本量	538	538	538
调整 R^2	0.005	0.036	0.059

注：***：1% 水平上显著；**：5% 水平上显著；*：10% 水平上显著。括号内为系数 t 值。

表 4-35 报告了采用超额价格模型进行检验的结果。回归结果显示，净利润（EPS）和综合收益（CI）的估计系数均显著为正，说明净利润和综合收益均具有价值相关性。同时，CI 的估计系数（2.854）高于 EPS 的估计系数（1.749），并且综合收益模型的整体调整 R^2（0.043）也高于净利润模型的整体调整 R^2（0.013），表明综合收益比净利润具有更高的价值相关性。另外，在净利润的基础上增加其他综合收益变量，模型整体调整 R^2 提高到 0.051，并且其他综合收益（OCI）的估计系数显著为正，说明其他综合收益相对于净利润具有增量价值相关性。

表 4-35　　　　　　A+B 股（剔除其他综合收益为 0 的样本）

相对关联水平模型回归结果（超额价格模型）

	净利润	综合收益	净利润+其他综合收益
EPS	1.749**		2.019***
	(2.442)		(2.865)
CI		2.854***	
		(4.798)	
OCI			5.235***
			(4.703)
EPA	−0.099	−0.259**	−0.147
	(−0.777)	(−2.248)	(−1.166)
截距项	0.529	0.715	0.547
	(1.046)	(1.452)	(1.102)
样本量	538	538	538
调整 R^2	0.013	0.043	0.051

注：***：1% 水平上显著；**：5% 水平上显著；*：10% 水平上显著。括号内为系数 t 值。

4.5.5　结论

本节采用 2009—2017 年间在沪深市场同时发行 A 股和 B 股上市公司的 738 个年度数据，分别采用价格模型、超额回报模型和超额价格模型，研究了综合收益价值相关性问题，具体研究了净利润和综合收益的价值相关性以及相对价值相关性的大小，而且还研究了其他综合收益相对于净利润的增量价值相关性等问题。研究结果表明，净利润和综合收益越高，股票年末市价、股票超额回报和股票超额价格也越高，表明了净利润和综合收益也具有价值相关性，且进一步研究还表明，综合收益比净利润具有更高的价值相关性。同时，研究还发现其他综合收益越高，股票年末市价、股票超额回报和股票超额价格越高，说明了其他综合收益相对于净利润具有正向增量价值相关性。另外，采用价格模型、超额回报模型和超额价格模型分年度回归均发现，综合收益比净利润具有更高的价值相关性，其他综合收益相对于净利润具有正向增量价值相关性。采用水平与变化收益模型以及剔除其他综合收益为 0 的样本作为稳健性检验，上述结论也依然成立。上述结果表明，沪深市场同时发行 A 股和 B 股的上市公司综合收益具有更高的价值相关性。

4.6　A+H 股市场综合收益价值相关性检验

考虑到信息披露制度进程、外部资本市场监管机制、投资者捕捉信息的动机和能力等方面的差异，本书进一步研究了中国香港资本市场中 A+H 股公司的净利润和综合收益项目的价值相关性，净利润和综合收益的相对价值相关性大小以及其他综合收益的增量价值相关性等问题。

4.6.1　基本实证结果

本节采用 2009 年至 2017 年中国香港资本市场中 A+H 股上市公司的 588 个年度数据，分别采用价格模型、超额回报模型和超额价格模型对净利润和综合收益项目的价值相关性，净利润和综合收益的相对价值相关性大小以及其他综合收益的增量价值相关性问题进行检验。检验结果见表 4-36、表 4-37 和表 4-38。

表 4-36　　　　　　　**A+H 股相对关联下水平模型回归结果**

（价格模型）

	净利润	综合收益	净利润+其他综合收益
EPS	7.227***		7.337***
	（9.269）		（9.502）
CI		7.355***	
		（9.664）	
OCI			15.707***
			（3.666）
EPA	0.930***	0.917***	0.905***
	（6.651）	（6.662）	（6.530）
截距项	3.356***	3.377***	3.418***
	（4.777）	（4.839）	（4.917）
样本量	588	588	588
调整 R^2	0.432	0.439	0.444

　　注：***：1% 水平上显著；**：5% 水平上显著；*：10% 水平上显著。括号内为系数 t 值。

　　表 4-37 报告了采用超额回报模型进行检验的结果。回归结果显示，净利润（EPS）的估计系数和综合收益（CI）的估计系数均在 1% 水平下显著为正，说明净利润和综合收益均具有价值相关性，该结果验证了假设 1。CI 的估计系数（0.155）高于 EPS 的估计系数（0.136），并且综合收益模型的整体调整 R^2（0.015）也高于净利润模型的整体调整 R^2（0.010），表明综合收益比净利润具有更高的价值相关性，该结果验证了假设 2。另外，在净利润的基础上增加其他综合收益变量，模型整体调整 R^2 提高到 0.027，并且其他综合收益（OCI）的估计系数为 0.892，在 1% 水平下显著为正，说明其他综合收益相对于净利润具有增量价值相关性，该结果验证了假设 3。上述结果表明，在超额回报模型下，本章的三个基本假设都得到了验证。

表 4-37　　　　A+H 股相对关联下水平模型回归结果

(超额回报模型)

	净利润	综合收益	净利润+其他综合收益
EPS	0.136***		0.142***
	(2.817)		(2.971)
CI		0.155***	
		(3.293)	
OCI			0.892***
			(3.362)
EPA	−0.018**	−0.021**	−0.020**
	(−2.108)	(−2.426)	(−2.292)
截距项	0.175***	0.179***	0.178***
	(4.027)	(4.129)	(4.145)
样本量	588	588	588
调整 R^2	0.010	0.015	0.027

注：***：1% 水平上显著；**：5% 水平上显著；*：10% 水平上显著。括号内为系数 t 值。

表 4-38 报告了采用超额价格模型进行检验的结果。回归结果显示，净利润（EPS）和综合收益（CI）的估计系数均在 10% 水平下显著为正，说明净利润和综合收益均具有价值相关性，该结果验证了假设1。CI 的估计系数（1.413）高于 EPS 的估计系数（1.147），并且综合收益模型的整体调整 R^2（0.012）也高于净利润模型的整体调整 R^2（0.009），表明综合收益比净利润具有更高的价值相关性，该结果验证了假设2。另外，在净利润的基础上增加其他综合收益变量，模型整体调整 R^2 提高到 0.022，并且其他综合收益（OCI）的估计系数为 10.007，在 1% 水平下显著为正，说明其他综合收益相对于净利润具有增量价值相关性，该结果验证了假设3。上述结果表明，在超额价格模型下，本章的三个基本假设也都得到了验证。

表 4-38   A+H 股相对关联下水平模型回归结果

（超额价格模型）

	净利润	综合收益	净利润+其他综合收益
EPS	1.147*		1.217**
	（1.903）		（2.032）
CI		1.413**	
		（2.393）	
OCI			10.007***
			（3.011）
EPA	−0.004	−0.037	−0.020
	（−0.035）	（−0.351）	（−0.185）
截距项	−0.219	−0.167	−0.179
	（−0.403）	（−0.309）	（−0.332）
样本量	588	588	588
调整 R^2	0.009	0.012	0.022

注：***：1% 水平上显著；**：5% 水平上显著；*：10% 水平上显著。括号内为系数 t 值。

综上所述，分别采用价格模型、超额回报模型和超额价格模型均表明，A+H 股上市公司的净利润和综合收益都具有价值相关性，验证了假设 1；综合收益比净利润具有更高的价值相关性，该结果验证了假设 2；其他综合收益相对于净利润具有增量价值相关性，该结果验证了假设 3。

4.6.2 分年度回归的实证结果

与前文保持一致，为了观测 A+H 股上市公司净利润和综合收益的价值相关性、净利润和综合收益的相对价值相关性大小以及其他综合收益的增量价值相关性的年度变化情况，本节对其进行了分年度回归检验。表 4-39、表 4-40 和表 4-41 分别报告了采用价格模型对净利润和综合收益价值相关性、净利润和综合收益的相对价值相关性大小以及其他综合收益的增量价值相关性进行分年度回归的检验结果。2009年至 2017 年的回归结果显示，净利润（EPS）和综合收益（CI）的估计系数均显著为正，说明净利润和综合收益具有价值相关性，该结果进一步验证了假设 1；同时，CI 的估计系数均高于 EPS 的估计系数，并且综合收益模型的整体调整 R^2 均高于净利润模型的整体调整 R^2，表明综合收益比净利润具有更高的价值相关性，该结果验证了假设 2。另外，在净利润的基础上增加其他综合收益变量，模型整体调整 R^2 都有所提高，并且其他综合收益（OCI）的估计系数也均显著为正，说明其他综合收益相对于净利润具有增量价值相关性，该结果验证了假设 3。

表 4-39　　A+H 股净利润价值相关性的分年度回归结果

（价格模型）

	2009	2010	2011	2012	2013	2014	2015	2016	2017
EPS	10.399***	15.728***	6.049***	5.343***	4.696**	3.264**	5.947*	3.844*	7.655***
	(3.888)	(5.118)	(4.438)	(3.856)	(2.056)	(2.390)	(1.836)	(1.842)	(3.572)
EPA	1.603***	0.221	0.805**	1.135***	1.129**	1.390***	0.782	1.050***	0.675
	(3.011)	(0.325)	(2.518)	(3.881)	(2.582)	(3.298)	(1.567)	(3.288)	(1.543)
截距项	3.494*	2.311	1.550	0.866	1.081	2.732	7.379**	3.979**	2.938
	(1.765)	(1.082)	(1.210)	(0.607)	(0.522)	(1.396)	(2.580)	(2.008)	(1.258)
样本量	55	57	61	64	70	70	70	70	71
调整 R^2	0.673	0.632	0.658	0.589	0.374	0.450	0.175	0.351	0.489

注：***：1% 水平上显著；**：5% 水平上显著；*：10% 水平上显著。括号内为系数 t 值。

表 4-40　　A+H 股综合收益价值相关性的分年度回归结果

（价格模型）

	2009	2010	2011	2012	2013	2014	2015	2016	2017
CI	11.025***	16.329***	6.103***	5.561***	4.883***	3.456**	7.071**	3.989*	8.697***
	(4.262)	(5.232)	(4.450)	(3.946)	(2.077)	(2.133)	(2.380)	(1.901)	(3.273)
EPA	1.615***	0.379	0.813**	1.103***	1.215***	1.393***	0.657	1.035***	0.758*
	(2.853)	(0.569)	(2.559)	(3.751)	(3.005)	(3.537)	(1.367)	(3.232)	(1.705)
截距项	3.346	2.049	1.604	0.934	0.923	2.660	7.671***	3.912*	3.087
	(1.653)	(0.957)	(1.249)	(0.656)	(0.452)	(1.394)	(2.730)	(1.988)	(1.291)
样本量	55	57	61	64	70	70	70	70	71
调整 R^2	0.687	0.637	0.659	0.593	0.375	0.453	0.201	0.353	0.496

注：***：1% 水平上显著；**：5% 水平上显著；*：10% 水平上显著。括号内为系数 t 值。

表 4-41　　A+H 股其他综合收益价值相关性的分年度回归结果

（价格模型）

	2009	2010	2011	2012	2013	2014	2015	2016	2017
EPS	10.745***	16.306***	6.041***	5.669***	4.577*	3.268**	5.460*	4.015*	7.650***
	(4.129)	(5.141)	(4.393)	(3.950)	(1.959)	(2.381)	(1.769)	(1.890)	(3.544)
OCI	13.133*	0.747**	1.838*	12.248*	4.329**	1.419**	43.166***	5.933***	1.823***
	(1.897)	(2.161)	(1.890)	(1.892)	(2.289)	(2.231)	(2.843)	(2.916)	(3.135)
EPA	1.838***	0.222	0.821**	1.087***	1.164**	1.395***	0.697	1.031***	0.681
	(3.157)	(0.324)	(2.464)	(3.651)	(2.549)	(3.272)	(1.467)	(3.192)	(1.538)
截距项	3.163	2.318	1.523	0.971	1.023	2.711	7.715***	3.868*	2.888
	(1.576)	(1.073)	(1.173)	(0.677)	(0.489)	(1.371)	(2.834)	(1.930)	(1.212)
样本量	55	57	61	64	70	70	70	70	71
调整 R^2	0.695	0.640	0.662	0.608	0.382	0.462	0.254	0.364	0.522

注：***：1% 水平上显著；**：5% 水平上显著；*：10% 水平上显著。括号内为系数 t 值。

　　表 4-42、表 4-43 和表 4-44 分别报告了采用超额回报模型对净利润和综合收益价值相关性、净利润和综合收益的相对价值相关性大小以及其他综合收益的增量价值相关性进行分年度回归的检验结果。2009 年至 2017 年的回归结果显示，净利润（EPS）和综合收益（CI）的估计系数显著为正，说明净利润和综合收益具有价值相关性，该结果进一步验证了假设 1；同时，CI 的估计系数均高于 EPS 的估计系数，并且综合收益模型的整体调整 R^2 均高于净利润模型的整体调整 R^2，表明综合收益比净利润具有更高的价值相关性，该结果验证了假设 2。另外，在净利润的基础上增加其他综合收益变量，模型整体调整 R^2 都有所提高，并且其他综合收益（OCI）的估计系数也均显著为正，说明其他综合收益相对于净利润具有增量价值相关性，该结果验证了假设 3。

表 4-42　　　　A+H 股净利润价值相关性的分年度回归结果

（超额回报模型）

	2009	2010	2011	2012	2013	2014	2015	2016	2017
EPS	0.013*	0.158*	0.021**	0.265***	0.100***	0.004***	0.218**	0.046***	0.355***
	(1.862)	(1.783)	(2.443)	(4.112)	(3.013)	(3.024)	(2.396)	(3.004)	(3.650)
EPA	0.028	-0.039	-0.006	-0.040***	-0.013	-0.025	-0.059**	0.011	-0.020
	(0.656)	(-1.463)	(-0.552)	(-2.973)	(-0.699)	(-0.788)	(-2.450)	(1.515)	(-1.284)
截距项	0.823***	-0.050	-0.332***	0.125*	0.034	0.727***	0.480***	-0.213***	0.035
	(5.240)	(-0.589)	(-7.373)	(1.876)	(0.377)	(4.936)	(3.482)	(-4.931)	(0.420)
样本量	55	57	61	64	70	70	70	70	71
调整 R^2	0.018	0.016	0.029	0.192	0.014	0.002	0.056	0.076	0.216

　　注：***：1% 水平上显著；**：5% 水平上显著；*：10% 水平上显著。括号内为系数 t 值。

表 4-43　　　A+H 股综合收益价值相关性的分年度回归结果

（超额回报模型）

	2009	2010	2011	2012	2013	2014	2015	2016	2017
CI	0.072*	0.222*	0.026**	0.273***	0.114**	0.048***	0.235***	0.059***	0.371***
	(1.845)	(1.795)	(2.338)	(3.966)	(2.483)	(3.282)	(3.623)	(3.638)	(4.002)
EPA	0.038	−0.027	−0.007	−0.040***	−0.014	−0.032	−0.061**	0.012*	−0.024
	(0.860)	(−1.022)	(−0.627)	(−2.903)	(−0.831)	(−1.081)	(−2.607)	(1.737)	(−1.555)
截距项	0.812***	−0.064	−0.330***	0.124*	0.037	0.742***	0.486***	−0.217***	0.054
	(5.175)	(−0.747)	(−7.313)	(1.852)	(0.417)	(5.153)	(3.544)	(−5.034)	(0.652)
样本量	55	57	61	64	70	70	70	70	71
调整 R^2	0.020	0.021	0.031	0.196	0.025	0.011	0.065	0.089	0.241

注：***：1% 水平上显著；**：5% 水平上显著；*：10% 水平上显著。括号内为系数 t 值。

表 4-44　　A+H 股其他综合收益价值相关性的分年度回归结果

（超额回报模型）

	2009	2010	2011	2012	2013	2014	2015	2016	2017
EPS	0.015*	0.254**	0.023**	0.271***	0.107***	0.001***	0.209**	0.032***	0.357***
	(1.773)	(2.404)	(2.406)	(3.740)	(3.862)	(3.003)	(2.335)	(3.717)	(3.704)
OCI	0.112*	1.040**	0.382*	0.578**	0.485**	1.292***	0.834***	0.460*	0.712***
	(1.806)	(2.221)	(1.835)	(2.305)	(2.354)	(3.609)	(4.083)	(1.880)	(4.488)
EPA	0.030	−0.042	−0.003	−0.038***	−0.009	−0.020	−0.061**	0.012*	−0.023
	(0.637)	(−1.602)	(−0.249)	(−2.757)	(−0.472)	(−0.644)	(−2.516)	(1.745)	(−1.442)
截距项	0.820***	−0.061	−0.337***	0.120*	0.027	0.708***	0.487***	−0.204***	0.055
	(5.101)	(−0.738)	(−7.470)	(1.792)	(0.303)	(4.846)	(3.530)	(−4.793)	(0.654)
样本量	55	57	61	64	70	70	70	70	71
调整 R^2	0.040	0.088	0.032	0.198	0.029	0.022	0.058	0.130	0.230

注：***：1% 水平上显著；**：5% 水平上显著；*：10% 水平上显著。括号内为系数 t 值。

表 4-45、表 4-46 和表 4-47 分别报告了采用超额价格模型对净利润和综合收益价值相关性、净利润和综合收益的相对价值相关性大小以及其他综合收益的增量价值相关性进行分年度回归的检验结果。2009 年至 2017 年的回归结果显示，净利润（EPS）和综合收益（CI）的估计系数显著为正，说明净利润和综合收益具有价值相关性，该结果进一步验证了假设 1；同时，CI 的估计系数均高于 EPS 的估计系数，并且综合收益模型的整体调整 R^2 均高于净利润模型的整体调整 R^2，表明综合收益比净利润具有更高的价值相关性，该结果验证了假设 2。另外，在净利润的基础上增加其他综合收益变量，模型整体调整 R^2 都有所提高，并且其他综合收益（OCI）的估计系数也均显著为正，说明其他综合收益相对于净利润具有增量价值相关性，该结果验证了假设 3。

表 4-45　　　　A+H 股净利润价值相关性的分年度回归结果

（超额价格模型）

	2009	2010	2011	2012	2013	2014	2015	2016	2017
EPS	3.782***	1.441**	2.459**	3.009***	2.505**	0.613***	2.092***	0.019***	5.252***
	(3.683)	(2.270)	(2.083)	(3.198)	(2.253)	(3.543)	(3.967)	(4.017)	(3.545)
EPA	0.845***	−0.187	−0.740*	−0.437**	−0.504	0.326	−0.395	0.043	0.025
	(2.772)	(−0.340)	(−1.901)	(−2.201)	(−1.527)	(1.609)	(−1.185)	(0.259)	(0.104)
截距项	1.421	−0.195	−0.661	1.038	1.680	1.210	2.947	−2.099**	−2.282*
	(1.253)	(−0.113)	(−0.424)	(1.071)	(1.075)	(1.287)	(1.543)	(−2.029)	(−1.783)
样本量	55	57	61	64	70	70	70	70	71
调整 R^2	0.541	0.009	0.293	0.116	0.008	0.032	0.008	0.028	0.339

注：***：1% 水平上显著；**：5% 水平上显著；*：10% 水平上显著。括号内为系数 t 值。

表 4-46　　A+H 股综合收益价值相关性的分年度回归结果

（超额价格模型）

	2009	2010	2011	2012	2013	2014	2015	2016	2017
CI	3.975**	2.686*	2.582*	3.953***	2.542***	0.771**	2.861*	0.512***	5.310***
	(2.505)	(1.797)	(1.825)	(3.051)	(3.638)	(2.025)	(1.831)	(3.467)	(3.722)
EPA	0.844**	0.031	-0.761*	-0.430**	-0.493	0.315	-0.477	0.093	-0.008
	(2.641)	(0.059)	(-1.964)	(-2.127)	(-1.621)	(1.657)	(-1.475)	(0.557)	(-0.033)
截距项	1.374	-0.411	-0.647	1.023	1.667	1.245	3.129	-2.193**	-2.049
	(1.202)	(-0.241)	(-0.413)	(1.047)	(1.084)	(1.354)	(1.655)	(-2.134)	(-1.596)
样本量	55	57	61	64	70	70	70	70	71
调整 R^2	0.548	0.025	0.297	0.124	0.016	0.034	0.009	0.031	0.349

注：***：1% 水平上显著；**：5% 水平上显著；*：10% 水平上显著。括号内为系数 t 值。

表 4-47　　A+H 股其他综合收益价值相关性的分年度回归结果

（超额价格模型）

	2009	2010	2011	2012	2013	2014	2015	2016	2017
EPS	3.839**	0.743**	2.489**	3.246***	2.581**	0.628***	1.820***	0.440***	5.270***
	(2.569)	(2.306)	(2.291)	(2.826)	(2.351)	(3.535)	(3.868)	(4.415)	(3.548)
OCI	6.354*	23.331**	6.485*	9.863*	4.521**	1.722**	24.093**	14.630**	6.044***
	(1.840)	(2.470)	(1.751)	(1.860)	(2.100)	(2.330)	(2.334)	(2.547)	(3.819)
EPA	0.959***	-0.238	-0.683*	-0.399*	-0.467	0.332	-0.442	0.089	0.005
	(2.868)	(-0.453)	(-1.689)	(-1.977)	(-1.357)	(1.622)	(-1.368)	(0.553)	(0.019)
截距项	1.261	-0.433	-0.754	0.953	1.620	1.184	3.134*	-1.825*	-2.114
	(1.094)	(-0.262)	(-0.478)	(0.981)	(1.026)	(1.247)	(1.694)	(-1.824)	(-1.627)
样本量	55	57	61	64	70	70	70	70	71
调整 R^2	0.546	0.095	0.311	0.147	0.019	0.039	0.055	0.050	0.345

注：***：1% 水平上显著；**：5% 水平上显著；*：10% 水平上显著。括号内为系数 t 值。

4.6.3　水平与变化收益模型的实证结果

表 4-48 报告了净利润、综合收益和其他综合收益的相对关联下水平与变化收益模型的回归结果。回归结果显示，EPS、CI 和 OCI 的估计系数均显著为正，结果表明在水平与变化收益模型下，净利润和综合收益均具有价值相关性，其他综合收益相对于净利润具有增量价值相关性。同时，CI 的估计系数（0.041）高于 EPS 的估计系数（0.037），并且综合收益模型的整体调整 R^2（0.068）高于净利润模型的整体调整 R^2（0.060），这也表明了综合收益比净利润具有更高的价值相关性。

表 4-48　　A+H 股相对关联下水平与变化收益模型回归结果

	净利润	综合收益	净利润+其他综合收益
EPS	0.037**		0.029**
	(2.191)		(2.111)
DEPS	0.287***		0.306***
	(5.603)		(5.923)
CI		0.041***	
		(3.678)	
DCI		0.302***	
		(5.953)	
OCI			0.029**
			(2.085)
DOCI			0.466*
			(1.917)
EPA	0.008	0.007	0.007
	(0.978)	(0.856)	(0.831)
截距项	0.033	0.036	0.037
	(0.837)	(0.941)	(0.945)
样本量	517	517	517
调整 R^2	0.060	0.068	0.067

注：***：1% 水平上显著；**：5% 水平上显著；*：10% 水平上显著。括号内为系数 t 值。

4.6.4 样本中剔除其他综合收益为 0 的实证结果

同样地，在 A+H 股上市公司中也存在其他综合收益数据为 0 的样本，为了检验本节研究结论的可靠性，我们也对其进行了剔除。表 4-49、表 4-50 和表 4-51 分别报告了采用价格模型、超额回报模型和超额价格模型对剔除其他综合收益为 0 的样本进行检验的结果。

表 4-49 报告了采用价格模型进行检验的结果。回归结果显示，净利润（EPS）和综合收益（CI）的估计系数均显著为正，说明净利润和综合收益均具有价值相关性。同时，CI 的估计系数（7.679）高于 EPS 的估计系数（7.558），并且综合收益模型的整体调整 R^2（0.452）也高于净利润模型的整体调整 R^2（0.445），表明综合收益比净利润具有更高的价值相关性。另外，在净利润的基础上增加其他综合收益变量，模型整体调整 R^2 提高到 0.458，并且其他综合收益（OCI）的估计系数显著为正，说明其他综合收益相对于净利润具有增量价值相关性。

表 4-49　　　　A+H 股（剔除其他综合收益为 0 的样本）

相对关联水平模型回归结果（价格模型）

	净利润	综合收益	净利润+其他综合收益
EPS	7.558***		7.671***
	（9.332）		（9.575）
CI		7.679***	
		（9.727）	
OCI			15.725***
			（3.604）
EPA	0.969***	0.956***	0.943***
	（6.579）	（6.605）	（6.469）
截距项	2.679***	2.697***	2.746***
	（3.344）	（3.389）	（3.466）
样本量	514	514	514
调整 R^2	0.445	0.452	0.458

注：***：1% 水平上显著；**：5% 水平上显著；*：10% 水平上显著。括号内为系数 t 值。

表 4-50 报告了采用超额回报模型进行检验的结果。回归结果显示，净利润（EPS）和综合收益（CI）的估计系数均显著为正，说明净利润和综合收益均具有价值相关性。同时，CI 的估计系数（0.174）高于 EPS 的估计系数（0.154），并且综合收益模型的整体调整 R^2（0.022）也高于净利润模型的整体调整 R^2（0.016），表明综合收益比净利润具有更高的价值相关性。另外，在净利润的基础上增加其他综合收益变量，模型整体调整 R^2 提高到 0.036，并且其他综合收益（OCI）的估计系数显著为正，说明其他综合收益相对于净利润具有增量价值相关性。

表 4-50　A+H 股（剔除其他综合收益为 0 的样本）
相对关联水平模型回归结果（超额回报模型）

	净利润	综合收益	净利润+其他综合收益
EPS	0.154*** (3.186)		0.161*** (3.351)
CI		0.174*** (3.675)	
OCI			0.893*** (3.424)
EPA	−0.018** (−2.028)	−0.020** (−2.335)	−0.019** (−2.217)
截距项	0.157*** (3.292)	0.161*** (3.374)	0.161*** (3.405)
样本量	514	514	514
调整 R^2	0.016	0.022	0.036

注：***：1% 水平上显著；**：5% 水平上显著；*：10% 水平上显著。括号内为系数 t 值。

　　表 4-51 报告了采用超额价格模型进行检验的结果。回归结果显示，净利润（EPS）和综合收益（CI）的估计系数均显著为正，说明净利润和综合收益均具有价值相关性。同时，CI 的估计系数（1.684）高于 EPS 的估计系数（1.418），并且综合收益模型的整体调整 R^2（0.018）也高于净利润模型的整体调整 R^2（0.014），表明综合收益比净利润具有更高的价值相关性。另外，在净利润的基础上增加其他综合收益变量，模型整体调整 R^2 提高到 0.028，并且其他综合收益（OCI）的估计系数显著为正，说明其他综合收益相对于净利润具有增量价值相关性。

表 4-51　　　　A+H 股（剔除其他综合收益为 0 的样本）

相对关联水平模型回归结果（超额价格模型）

	净利润	综合收益	净利润+其他综合收益
EPS	1.418**		1.490**
	（2.250）		（2.380）
CI		1.684***	
		（2.731）	
OCI			10.037***
			（2.945）
EPA	−0.011	−0.044	−0.027
	（−0.093）	（−0.385）	（−0.240）
截距项	−0.374	−0.329	−0.332
	（−0.600）	（−0.529）	（−0.536）
样本量	514	514	514
调整 R^2	0.014	0.018	0.028

　　注：***：1% 水平上显著；**：5% 水平上显著；*：10% 水平上显著。括号内为系数 t 值。

4.6.5　结论

本节采用 2009—2017 年间 A+H 股上市公司 588 个年度数据，仍同时采用价格模型、超额回报模型和超额价格模型，研究了综合收益价值相关性问题，具体研究了净利润和综合收益的价值相关性以及相对价值相关性的大小，而且还研究了其他综合收益相对于净利润的增量价值相关性等问题。研究结果表明，净利润和综合收益越高，股票年末市价、股票超额回报和股票超额价格也越高，表明了净利润和综合收益仍具有价值相关性，且进一步研究表明综合收益比净利润具有更高的价值相关性。同时，研究还发现其他综合收益越高，股票年末市价、股票超额回报和股票超额价格越高，说明了其他综合收益相对于净利润具有正向增量价值相关性。另外，采用价格模型、超额回报模型和超额价格模型分年度回归均发现，综合收益比净利润具有更高的价值相关性，其他综合收益相对于净利润具有正向增量价值相关性。采用水平与变化收益模型以及剔除其他综合收益为 0 的样本作为稳健性检验，上述结论也依然成立。上述结果表明，在中国香港资本市场披露综合收益也能够为财务报告使用者提供其所需的有用信息。

4.7　研究结论

首先，本章采用 2009—2017 年间 19 543 个中国 A 股非金融类上市公司作为研究样本，同时采用价格模型、超额回报模型和超额价格模型，研究了综合收益的价值相关性问题，具体研究了净利润和综合收益的价值相关性以及相对价值相关性的大小，而且还研究了其他综合收益相对于净利润的增量价值相关性等问题。在基本实证研究中，假设 1 得到验证，假设 2 未得到验证，其中超额价格模型分析结果支持假设 3。在进一步的分年度回归中，假设 1 得到验证，在进一步的分年度回归中，假设 1 得到验证，假设 2 未得到验证，但已有证据表明其他综合收益的增量价值相关性开始逐步显现。采用水平与变化收益模型作为稳健性检验，假设 1 和假设 3 得到验证，但假设 2 未得到验证。上述结果表明，综合收益和净利润均具有价值相关性，前者价值相关性并未优于后者，但已有微弱的证据证明，在中国，资本市场综合收益的价值相关性在逐步增强。

然后，本章采用 2009—2017 年间 A+B 股上市公司 738 个年度数据，也同时采用价格模型、超额回报模型和超额价格模型，研究了沪深市场同时发行 A 股和 B 股的上市公司的综合收益价值相关性。研究结果表明，净利润和综合收益越高，股票年末市价、股票超额回报和股票超额价格也越高，表明了净利润和综合收益也具有价值相关性，且进一步研究表明，综合收益比净利润具有更高的价值相关性。同时，研究还发现，其他综合收益越高，股票年末市价、股票超额回报和股票超额价格越高，说明了其他综合收益相对于净利润具有正向增量价值相关性。另外，采用价格模型、超额回报模型和超额价格模型分年度回归均发现，综合收益比净利润具有更高的价值相关性，其他综合收益相对于净利润具有正向增量价值相关性。采用水平与变化收益模型以及剔除其他综合收益为 0 的样本作为稳健性检验，上述结论也依然成立。上述结果表明，A+B 股上市公司中综合收益具有更高的价值相关性。

最后，本章采用 2009—2017 年间 A+H 股上市公司 588 个年度数据，仍同时采用价格模型、超额回报模型和超额价格模型，研究了中国香港资本市场中盈余价值相关性问题。研究结果表明，净利润和综合收益越高，股票年末市价、股票超额回报和股票超额价格也越高，表明了净利润和综合收益仍具有价值相关性，且进一步研究还表明，综合收益比净利润具有更高的价值相关性。同时，研究还发现其他综合收益越高，股票年末市价、股票超额回报和股票超额价格越高，说明了其他综合收益相对于净利润具有正向增量价值相关性。另外，采用价格模型、超额回报模型和超额价格模型分年度回归均发现，综合收益比净利润具有更高的价值相关性，其他综合收益相对于净利润具有正向增量价值相关性。采用水平与变化收益模型以及剔除其他综合收益为 0 的样本作为稳健性检验，上述结论也依然成立。上述结果表明，在中国香港资本市场综合收益具有更高的价值相关性。

　　综上所述，本章不仅研究了 A 股上市公司的净利润和综合收益的价值相关性以及相对价值相关性的大小，而且还研究了其他综合收益的增量价值相关性问题，另外还分别研究了 A+B 股和 A+H 股上市公司的上述问题，最后将其研究结论进行了对比分析，为客观评价我国综合收益列报改革提供了经验证据。

第5章 盈余报告实际变迁与盈余价值相关性：营业利润视角

第4章基于综合收益视角研究了盈余报告实际变迁对盈余价值相关性的影响。事实上，除了综合收益概念的引入外，盈余报告中的"营业利润"项目也发生了众多变化。如将"投资收益"纳入营业利润；将"资产减值损失"从各费用项目中剥离出来汇总反映，同时新增"公允价值变动收益"项目，并将这两项都纳入营业利润范围内。在营业利润核算范围扩大的情况下，取消相关分步汇总金额。这些变化对盈余价值相关性是否有影响？为回答这一问题，我们基于营业利润构造了经营盈余项目和已实现盈余项目，检验经营盈余、已实现盈余和营业利润的相对价值相关性，并从增量价值相关性角度检验投资收益、资产减值损失和公允价值变动收益项目。本书利用2007—2017年间22 171家中国A股非金融类上市公司年度数据，同时采用价格模型、超额回报模型和超额价格模型，研究经营盈余、已实现盈余和营业利润的相对价值相关性以及投资收益、资产减值损失和公允价值变动收益的增量价值相关性问题。还进一步研究了2007年新企业会计准则实施前后经营盈余、已实现盈余和营业利润的价值相关性问题。此外，在稳健性检验中，还控制了年度和行业效应，以及在水平与变化收益模型下重新检验了上述问题。

5.1　理论分析与研究假设

根据有效市场假说，股票价格能够充分、及时、无偏地反映一切可以公开获得的相关信息。因此，即使财务报表表内信息的分类方法和列报位置发生变化，市场也能够看穿财务报表，会计信息的列报方式不会影响其价值相关性。但是，市场异象使得功能锁定假说具有现实性。功能锁定假说认为，投资者在决策过程中往往锁定于某种特定的表面信息，不能充分理解和利用有关信息来正确评估证券价值。当财务信息确认或披露不完全符合其归类特征时，投资者就会出现判断偏误。因此，根据功能锁定假说，在资本市场不充分有效的条件下，会计信息的报告方式与内容将影响其价值相关性。以会计盈余信息为例，如果能找到一种合适的盈余分解方式，进行分类列示，将增加其价值相关性。

已有经验证据表明，与总括盈余（如净利润、综合收益）相比，盈余分解项目对股票回报具有更强的解释能力。如 Lipe（1986）将会计盈余划分为毛利、管理费用、折旧费用、利息费用、所得税和其他项等六部分，研究发现，与总括盈余相比，盈余构成项目对股票回报具有更强的解释能力，并且进一步还发现，各盈余项目的未预期数在对股票回报的解释上具有非常明显的差异。Fairfield et al.（1996）发现利用分解盈余项目来预测未来权益回报率时，分解盈余项目具有增量价值相关性。这意味着如果能找到一种合理的盈余分解方式，将有助于提高盈余信息的价值相关性。

2006 年以来，我国企业会计准则制定理念从收入费用观转向资产负债观，利润表也随之发生了重大变革，除引入综合收益概念以外，"营业利润"项目也发生了一系列变化，主要体现在以下几点：一是将"投资收益"项目纳入企业的营业利润；二是将"资产减值损失"项目从各费用中分离出来汇总列示，新设"公允价值变动收益"项目，这两项都纳入"营业利润"项目反映；三是在"营业利润"项目核算范围扩大的情况下，取消了相关分步汇总金额。如 2007 年之前的利润表从"主营业务收入"开始，到"主营业务利润"，再到"营业利润"，而 2007 年及以后利润表从"营业收入"开始，列示了"营业成本""税金及附加""销售费用""管理费用""财务费用""资产减值损失""公允价值变动收益""投资收益"后，直接得到"营业利润"。在并列列示的这些项目中既包括已实现盈余，也包括未实现盈余（如资产减值损失项目和公允价值变动收益项目），同时对持续性不同的项目未按顺序作出区分。利润表对营业利润的这种列报方式很有可能掩盖了盈余信息的解释能力，降低了盈余信息的价值相关性。而作者试图寻找一种合理的方式对营业利润进行分解（如图 5-1 所示）[①]，以期提高盈余价值相关性。

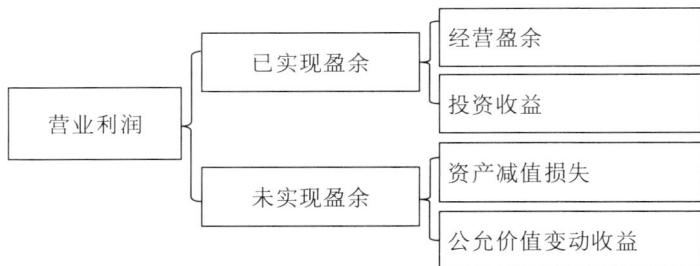

图 5-1　现行利润表下营业利润的分解结构图

其中：经营盈余=营业收入-营业成本-税金及附加-期间费用

经过对营业利润的分解，我们一共得到了三个核算口径不同的盈余分解指标，即经营盈余、已实现盈余和营业利润。

基于以上分析，本书提出假设 1：

假设 1：经营盈余、已实现盈余和营业利润均具有价值相关性。

从相对价值相关性角度分析，相对于经营盈余，已实现盈余中增加了"投资收益"项目。结合我国经济环境分析，随着企业管理和运用资金权力的日益增大和资本市场的逐步完善，企业通过对外投资来达到迅

[①]　2017 年 12 月 25 日，财政部发布《关于修订印发一般企业财务报表格式的通知》，在利润表"营业利润"之上新增"资产处置收益"项目和"其他收益"项目。2018 年 6 月 15 日，财政部发布《关于修订印发 2018 年度一般企业财务报表格式的通知》，从"管理费用"项目中分拆"研发费用"项目单独列示。这些变化都对营业利润的分解产生影响，但受可获取数据的影响，本文未考虑这些变化。

速扩张或者寻找新利润点的行为已越来越普遍。经过统计，投资收益占利润总额的比例呈现逐年上升的趋势。企业通过投资活动获取的收益或亏损，虽与企业通过自身生产或劳务供应活动获取的利润有所不同，但已成为企业利润的重要组成部分。由此可见，投资收益和经营盈余同为企业的已实现盈余，它们已经没有实质性区别。因此，已实现盈余的价值相关性应优于经营盈余。但相对于已实现盈余，营业利润中增加了"资产减值损失"和"公允价值变动收益"两个项目，这使得营业利润中既包括已实现盈余也包括未实现盈余，从而面对更大的不确定性和波动性，有可能降低其价值相关性。

基于以上分析，本书提出假设 2：

假设 2：相对于经营盈余和营业利润，已实现盈余更具有价值相关性。

从增量价值相关性角度分析，Lipe（1986）发现会计盈余的 6 个构成项目（毛利、管理费用、折旧费用、利息费用、所得税和其他项）提供了总括盈余所未包含的增量信息含量，而且当控制其他 5 个盈余项目时，每个盈余项目都具有增量的解释力。Chen 和 Wang（2004）将"营业利润"项目下利润部分划分为投资收益、政府补助、资产重估收入、营业外收入、营业外支出以及其他项目等六部分，实证检验了各个盈余项目的价值相关性，结果发现投资收益具有一定的价值相关性。同时，Francis 等（1996）和 Rees 等（1996）均发现资产减值损失具有显著为负的市场效应，表明了资产减值损失具有负向增量价值相关性。另外，Barth（1994）、Nelson（1996）、谢荣（2007）发现，公允价值变动收益项目具有价值相关性。

基于以上分析，本书提出假设 3 和假设 4：

假设 3：现行利润表中的投资收益项目具有增量价值相关性。

假设 4：现行利润表中的资产减值损失项目和公允价值变动收益项目具有增量价值相关性。

5.2 研究设计

5.2.1 模型设计

为了检验以上假设，本章借鉴了 Kothari 和 Zimmerman（1995）、Ohlson（1995）、Dhaliwal 等（1999）、程小可（2006）、薛爽等（2008）和李尚荣（2012）等的研究，分别构建了价格模型、超额回报模型和超额价格模型。同时，Ohlson（1995）认为盈余资本化模型遗失了重要的相关变量，即每股账面净资产变量，因此，我们在每个模型中均控制了每股净资产，模型具体如下：

经营盈余价值相关性研究下的水平模型：

$$P_t = \alpha_0 + \alpha_1 JYPS_t + \alpha_2 EPA_t + \varepsilon_t \tag{5-1}$$

$$UR_t = \alpha_0 + \alpha_1 JYPS_t + \alpha_2 EPA_t + \varepsilon_t \tag{5-2}$$

$$UP_t = \alpha_0 + \alpha_1 JYPS_t + \alpha_2 EPA_t + \varepsilon_t \tag{5-3}$$

已实现盈余价值相关性研究下的水平模型：

$$P_t = \beta_0 + \beta_1 YSPS_t + \beta_2 EPA_t + \delta_t \tag{5-4}$$

$$UR_t = \beta_0 + \beta_1 YSPS_t + \beta_2 EPA_t + \delta_t \tag{5-5}$$

$$UP_t = \beta_0 + \beta_1 YSPS_t + \beta_2 EPA_t + \delta_t \tag{5-6}$$

营业利润价值相关性研究下的水平模型：

$$P_t = \lambda_0 + \lambda_1 OPS_t + \lambda_2 EPA_t + \zeta_t \tag{5-7}$$

$$UR_t = \lambda_0 + \lambda_1 OPS_t + \lambda_2 EPA_t + \zeta_t \tag{5-8}$$

$$UP_t = \lambda_0 + \lambda_1 OPS_t + \lambda_2 EPA_t + \zeta_t \tag{5-9}$$

投资收益增量价值相关性研究下的水平模型：

$$P_t = \mu_0 + \mu_1 JYPS_t + \mu_2 PREV_t + \mu_3 EPA_t + \upsilon_t \tag{5-10}$$

$$UR_t = \mu_0 + \mu_1 JYPS_t + \mu_2 PREV_t + \mu_3 EPA_t + \upsilon_t \tag{5-11}$$

$$UP_t = \mu_0 + \mu_1 JYPS_t + \mu_2 PREV_t + \mu_3 EPA_t + \upsilon_t \tag{5-12}$$

资产减值损失和公允价值变动收益增量价值相关性研究下的水平模型：

$$P_t = \chi_0 + \chi_1 YSPS_t + \chi_2 PAL_t + \chi_3 PFVPS_t + \chi_4 EPA_t + \gamma_t \tag{5-13}$$

$$UR_t = \chi_0 + \chi_1 YSPS_t + \chi_2 PAL_t + \chi_3 PFVPS_t + \chi_4 EPA_t + \gamma_t \qquad (5-14)$$

$$UP_t = \chi_0 + \chi_1 YSPS_t + \chi_2 PAL_t + \chi_3 PFVPS_t + \chi_4 EPA_t + \gamma_t \qquad (5-15)$$

我们采用最小二乘法（OLS）来运行上述模型，由于上述模型均会产生异方差问题，因此我们还对 t 统计量进行了 White 异方差调整，以期得到更加稳健的实证结果。

5.2.2 变量定义

模型（5-1）至模型（5-15）中的被解释变量包括股票年末市价（P）、股票超额回报（UR）和股票超额价格（UP）。借鉴程小可（2006）和李尚荣（2012）的研究，股票年末市价（P_t）采用第 t 年 4 月最后一个交易日的股票收盘价。股票超额回报（UR_t）采用 t 期股票的市场实际收益率扣除同期市场指数收益率后的金额，即 $UR_t = R_t - R\_index_t$，其中股票的市场实际收益率 $R_t = (P_t - P_{t-1}) / P_{t-1}$，市场指数收益率 R_index_t 采用考虑现金红利再投资的综合日市场回报率（总市值加权平均法）。股票超额价格（UP_t）为 t 期内股票的超额价格增量，即 $UP_t = UR_t \times P_{t-1}$。

解释变量分别为经营盈余（JYPS）、已实现盈余（YSPS）、营业利润（OPS）、投资收益（PREV）、资产减值损失（PAL）和公允价值变动收益（PFVPS）。控制变量方面，选取每股净资产（EPA）。

其中，解释变量和控制变量的定义见表 5-1：

表 5-1 **变量定义**

变量代码	变量名称	变量定义
JYPS	经营盈余	（营业收入-营业成本-税金及附加-期间费用）/总股本
YSPS	已实现盈余	（营业收入-营业成本-税金及附加-期间费用+利润表中的投资收益）/总股本
OPS	营业利润	利润表中的营业利润/总股本
PREV	投资收益	利润表中的投资收益/总股本
PAL	资产减值损失	利润表中的资产减值损失/总股本
PFVPS	公允价值变动收益	利润表中的公允价值变动收益/总股本
EPA	每股净资产	净资产/总股本

5.3　样本与描述性统计

本章研究的是自 2007 年利润表发生变化后营业利润项目的价值相关性问题，因此我们选择的初始样本为 2007—2017 年间中国 A 股非金融类上市公司年度数据。同时，由于股票市场收益、盈余变动额涉及上一年度的数据，所以还包括了 2006 年的股票市场收益和会计盈余数据。并且，按以下标准对样本进行处理：（1）由于金融类上市公司会计制度等方面的特殊性，对其进行了剔除；（2）剔除了股票市场价格、经营盈余、已实现盈余、营业利润、投资收益、资产减值损失、公允价值变动收益和每股净资产等相关数据缺失的公司；（3）剔除当年上市的公司，因为模型中股票市场收益、盈余变动额涉及上一年度的数据；（4）为消除极端值的影响，对所有变量均在 1% 分位数和 99% 分位数进行了 Winsorize 处理。经过上述处理，最后共获得 22 171 个公司样本。本章所使用数据均来自国泰安（CSMAR）数据库。

表 5-2 报告了全样本的变量描述性统计结果。从整体上看，已实现盈余的均值大于经营盈余，说明投资收益提高了企业盈余；营业利润低于已实现盈余，可见在资产减值损失和公允价值变动收益的共同作用下，企业营业利润下降。进一步计算，投资收益在营业利润中平均占比约为 16.40%，说明投资收益成为利润增长的一个主要因素；资产减值损失使营业利润平均下降了约 14.52%，公允价值变动收益在营业利润中平均占比约为 2.69%。

表 5-3 报告了全样本变量之间的相关系数。其中，左下三角和右上三角分别为 Pearson 相关系数和 Spearman 相关系数。无论是 Pearson 相关系数，还是 Spearman 相关系数，JYPS、YSPS、OPS、PREV 和 PFVPS 均与 P、UR、UP 显著正相关，表明经营盈余、已实现盈余、营业利润、投资收益和公允价值变动收益越高，股票年末价格、股票超额回报和股票超额价格也越高；PAL 均与 P、UR、UP 显著负相关，表明资产减值损失越高，股票年末价格、股票超额回报和股票超额价格越低。

表 5-2　　　　　　　　　变量描述性统计结果（N=22 171）

变量	均值	中位数	标准差	最小值	25%	75%	最大值	样本量
P	14.780	11.400	11.230	2.720	7.320	18.210	62.940	22 171
UR	0.156	−0.039	0.740	−0.814	−0.325	0.417	3.100	22 171
UP	−1.252	−0.363	10.940	−45.960	−4.855	3.819	29.700	22 171
JYPS	0.351	0.250	0.510	−0.766	0.050	0.545	2.417	22 171
YSPS	0.417	0.299	0.536	−0.703	0.096	0.610	2.640	22 171
OPS	0.372	0.269	0.549	−1.048	0.068	0.579	2.575	22 171
PREV	0.061	0.009	0.141	−0.067	0.000	0.055	0.902	22 171
PAL	0.054	0.022	0.098	−0.044	0.005	0.060	0.625	22 171
PFVPS	0.001	0.000	0.011	−0.040	0.000	0.000	0.075	22 171
EPA	4.304	3.788	2.594	−0.132	2.529	5.541	13.770	22 171

表 5-3　　　　　　　　　Pearson（Spearman）相关系数

	P	UR	UP	JYPS	YSPS	OPS	PREV	PAL	PFVPS	EPA
P		0.313***	0.270***	0.466***	0.030***	0.463***	0.020***	−0.088***	0.023***	0.469***
UR	0.278***		0.960***	0.005***	0.052***	0.018***	0.054***	−0.018***	0.094***	−0.010
UP	0.235***	0.736***		0.012*	0.050***	0.909***	0.052***	−0.018***	0.079***	−0.016**
JYPS	0.494***	0.010***	0.001*		−0.001	0.919***	−0.017**	0.028***	−0.006	0.574***
YSPS	0.489***	0.026***	0.021***	0.940***		0.972***	0.198***	0.058***	−0.006	0.612***
OPS	0.478***	0.027***	0.023***	0.917***	0.244***		0.185***	−0.057***	0.017***	0.595***
PREV	0.032***	0.050***	0.062***	−0.043***	0.212***	0.244***		0.037***	0.002	0.158***
PAL	−0.028***	−0.017**	−0.016**	−0.017**	0.115***	−0.156***	0.115***		−0.001	0.161***
PFVPS	0.011*	0.057***	0.044***	0.008	0.022***	0.055***	0.022***	0.025***		0.005
EPA	0.466***	−0.050***	−0.021***	0.589***	0.196***	0.611***	0.196***	0.102***	0.049***	

注：***：1% 水平上显著；**：5% 水平上显著；*：10% 水平上显著。左下三角为 Pearson 相关系数，右上三角为 Spearman 相关系数。

5.4 实证结果与分析

5.4.1 假设 1 和假设 2 的检验

为了检验经营盈余、已实现盈余和营业利润的价值相关性及其相对大小，我们采用价格模型、超额回报模型和超额价格模型进行检验，结果见表 5-4 至表 5-9。

表 5-4、表 5-5 报告了采用价格模型进行的检验。回归结果显示，经营盈余（JYPS）的估计系数为 6.772，不管是 OLS's t 值还是 White 的 t 值，均在 1% 水平下显著为正，通过了显著性检验，表明经营盈余越高，股票年末市价越高，说明经营盈余具有价值相关性，模型整体调整 R^2 为 0.280，说明模型整体拟合优度较高。已实现盈余（YSPS）的估计系数为 7.412，不管是 OLS 的 t 值还是 White 的 t 值均在 1% 水平下显著为正，通过了显著性检验，表明已实现盈余越高，股票年末市价越高，说明已实现盈余具有价值相关性，模型整体调整 R^2 为 0.291，说明模型整体拟合优度较高。营业利润（OPS）的估计系数为 6.308，不管是 OLS 的 t 值还是 White 的 t 值均在 1% 水平下显著为正，通过了显著性检验，表明营业利润越高，股票年末市价越高，说明营业利润具有价值相关性，模型整体调整 R^2 为 0.277，说明模型整体拟合优度较高。上述结果验证了假设 1。

其中，YSPS 的估计系数（7.412）高于 JYPS 的估计系数（6.772）和 OPS 的估计系数（6.308），并且已实现盈余模型的整体调整 R^2（0.291）高于经营盈余模型的整体调整 R^2（0.280）和营业利润模型的整体调整 R^2（0.277），表明已实现盈余比经营盈余和营业利润具有更高的价值相关性，在价格模型下验证了假设 2。

表 5-6、表 5-7 报告了采用超额回报模型进行的检验。回归结果显示，经营盈余（JYPS）的估计系数、已实现盈余（YSPS）的估计系数、营业利润（OPS）的估计系数均在 1% 水平下显著为正，通过了显著性检验，表明经营盈余、已实现盈余和营业利润越高，股票超额回报越

表 5-4　　　　　相对关联下水平模型的 OLS 回归结果

（价格模型）

	经营盈余	已实现盈余	营业利润
JYPS	6.772***		
	（48.072）		
YSPS		7.412***	
		（44.163）	
OPS			6.308***
			（42.702）
EPA	1.161***	1.140***	1.203***
	（38.341）	（35.995）	（38.501）
截距项	7.178***	7.042***	7.250***
	（57.363）	（55.956）	（56.976）
样本量	22 171	22 171	22 171
调整 R^2	0.280	0.291	0.277

　注：***：1% 水平上显著；**：5% 水平上显著；*：10% 水平上显著。括号内为系数 t 值。

表 5-5　　　　　相对关联下水平模型的 White 回归结果

（价格模型）

	经营盈余	已实现盈余	营业利润
JYPS	6.772***		
	（34.682）		
YSPS		7.412***	
		（31.333）	
OPS			6.308***
			（30.641）
EPA	1.161***	1.140***	1.203***
	（30.405）	（28.235）	（30.282）
截距项	7.178***	7.042***	7.250***
	（54.759）	（53.377）	（54.035）
样本量	22 171	22 171	22 171
调整 R^2	0.280	0.291	0.277

　注：***：1% 水平上显著；**：5% 水平上显著；*：10% 水平上显著。括号内为 White 异方差调整后的系数 t 值。

高，说明经营盈余、已实现盈余和营业利润均具有价值相关性，验证了假设 1。

表 5-6 　　　　　　　相对关联下水平模型的 OLS 回归结果

（超额回报模型）

	经营盈余	已实现盈余	营业利润
JYPS	0.087***		
	(7.218)		
YSPS		0.131***	
		(11.008)	
OPS			0.125***
			(10.983)
EPA	−0.024***	−0.031***	−0.031***
	(−10.322)	(−12.766)	(−12.668)
截距项	0.231***	0.236***	0.241***
	(23.612)	(24.266)	(24.537)
样本量	22 171	22 171	22 171
调整 R²	0.005	0.008	0.006

注：***：1% 水平上显著；**：5% 水平上显著；*：10% 水平上显著。括号内为系数 t 值。

表 5-7 　　　　　　　相对关联下水平模型的 White 回归结果

（超额回报模型）

	经营盈余	已实现盈余	营业利润
JYPS	0.087***		
	(6.726)		
YSPS		0.131***	
		(10.210)	
OPS			0.125***
			(10.205)
EPA	−0.024***	−0.031***	−0.031***
	(−10.165)	(−12.570)	(−12.568)
截距项	0.231***	0.236***	0.241***
	(21.848)	(22.435)	(22.659)
样本量	22 171	22 171	22 171
调整 R²	0.005	0.008	0.006

注：***：1% 水平上显著；**：5% 水平上显著；*：10% 水平上显著。括号内为 White 异方差调整后的系数 t 值。

其中，YSPS 的估计系数（0.131）高于 JYPS 的估计系数（0.087）和 OPS 的估计系数（0.125），并且已实现盈余模型的整体调整 R^2（0.008）高于经营盈余模型的整体调整 R^2（0.005）和营业利润模型的整体调整 R^2（0.006）。表明了已实现盈余比经营盈余和营业利润具有更高的价值相关性，在超额回报模型下验证了假设 2。

表 5-8、表 5-9 报告了采用超额价格模型进行的检验。回归结果显示，经营盈余（JYPS）的估计系数分别在 5% 水平下和 1% 水平下显著为正，已实现盈余（YSPS）的估计系数、营业利润（OPS）的估计系数也均在 1% 水平下显著为正，通过了显著性检验，表明经营盈余、已实现盈余和营业利润越高，股票超额价格也越高，说明经营盈余、已实现盈余和营业利润也均具有价值相关性，进一步验证了假设 1。

表 5-8　　相对关联下水平模型的 OLS 回归结果（超额价格模型）

	经营盈余	已实现盈余	营业利润
JYPS	0.398** (2.231)		
YSPS		1.145*** (6.514)	
OPS			1.134*** (6.711)
EPA	−0.136*** (−3.886)	−0.239*** (−6.567)	−0.237*** (−6.622)
截距项	−0.806*** (−5.571)	−0.703*** (−4.874)	−0.656*** (−4.507)
样本量	22 171	22 171	22 171
调整 R^2	0.001	0.002	0.001

注：***：1% 水平上显著；**：5% 水平上显著；*：10% 水平上显著。括号内为系数 t 值。

其中，YSPS 的估计系数（1.145）高于 JYPS 的估计系数（0.398）和 OPS 的估计系数（1.134），并且已实现盈余模型的整体调整 R^2（0.002）高于经营盈余模型的整体调整 R^2（0.001）和营业利润模型的

表 5-9　　　相对关联下水平模型的 White 回归结果（超额价格模型）

	经营盈余	已实现盈余	营业利润
JYPS	0.398* （1.689）		
YSPS		1.145*** （4.952）	
OPS			1.134*** （5.264）
EPA	−0.136*** （−3.313）	−0.239*** （−5.515）	−0.237*** （−5.620）
截距项	−0.806*** （−5.575）	−0.703*** （−4.877）	−0.656*** （−4.490）
样本量	22 171	22 171	22 171
调整 R^2	0.001	0.002	0.001

注：***：1% 水平上显著；**：5% 水平上显著；*：10% 水平上显著。括号内为 White 异方差调整后的系数 t 值。

整体调整 R^2（0.001）。表明了已实现盈余比经营盈余和营业利润具有更高的价值相关性，在超额价格模型下验证了假设 2。

以上三个模型采用不同的指标作为被解释变量，且均验证了假设 2，即已实现盈余比经营盈余和营业利润具有更高的价值相关性，因此我们的结论是比较稳健的。

5.4.2　假设 3 的检验

我们分别采用价格模型、超额回报模型和超额价格模型检验投资收益是否具有增量价值相关性，结果见表 5-10、表 5-11。

表 5-10、表 5-11 分别报告了采用价格模型、超额回报模型和超额价格模型对投资收益的增量价值相关性进行检验的 OLS 回归结果和 White 回归结果。回归结果显示，不管是 OLS 的 t 值还是 White 的 t 值，投资收益（PREV）的估计系数均在 1% 水平下显著为正，通过了显著性检验，表明投资收益越高，股票年末市价、股票超额回报和股票超额价格越高，说明投资收益具有增量价值相关性，该结果验证了假设 3。模型整体调整 R^2 结果说明采用价格模型的整体拟合优度明显高于超额

回报模型和超额价格模型，表明价格模型相对于超额回报模型和超额价格模型更能解释公司的市场价值。此外，从价格模型来看，已实现盈余分解模型的拟合优度（0.293）高于已实现盈余模型（0.291），说明已实现盈余分解模型具有略高的分解效率。

表5-10　增量关联下水平模型的 OLS 回归结果（分解已实现盈余）

	价格模型（P）	超额回报模型（UR）	超额价格模型（UP）
JYPS	7.378***	0.113***	0.789***
	（46.886）	（9.239）	（4.348）
PREV	0.509***	0.392***	5.832***
	（19.085）	（10.754）	（10.790）
EPA	1.171***	−0.032***	−0.244***
	（37.169）	（−12.901）	（−6.706）
截距项	7.181***	0.228***	−0.837***
	（57.374）	（23.456）	（−5.799）
样本量	22 171	22 171	22 171
调整 R^2	0.293	0.010	0.006

注：***、**、*分别表示在1%、5%、10%水平上显著，括号内为系数 t 值。

表5-11　增量关联下水平模型的 White 回归结果（分解已实现盈余）

	价格模型（P）	超额回报模型（UR）	超额价格模型（UP）
JYPS	7.378***	0.113***	0.789***
	（33.447）	（8.594）	（3.277）
PREV	0.509***	0.392***	5.832***
	（13.987）	（9.873）	（11.097）
EPA	1.171***	−0.032***	−0.244***
	（29.245）	（−12.619）	（−5.604）
截距项	7.181***	0.228***	−0.837***
	（54.808）	（21.698）	（−5.818）
样本量	22 171	22 171	22 171
调整 R^2	0.293	0.010	0.006

注：***、**、*分别表示在1%、5%、10%水平上显著，括号内为 White 异方差调整后的系数 t 值。

5.4.3 假设 4 的检验

为了检验利润表中的"公允价值变动收益"和"资产减值损失"两个项目是否具有增量价值相关性,我们分别采用价格模型、超额回报模型和超额价格模型进行检验。结果如表 5-12、表 5-13 所示。

表 5-12 **增量关联下水平模型的 OLS 回归结果(分解营业利润)**

	价格模型(P)	超额回报模型(UR)	超额价格模型(UP)
YSPS	6.760***	0.132***	1.159***
	(44.016)	(11.166)	(6.588)
PAL	−0.734**	−0.072**	−1.393*
	(−2.511)	(−2.418)	(−1.841)
PFVPS	5.107***	4.217***	47.014***
	(8.859)	(9.194)	(6.908)
EPA	1.146***	−0.032***	−0.244***
	(35.895)	(−13.025)	(−6.687)
截距项	7.067***	0.239***	−0.646***
	(55.196)	(24.224)	(−4.407)
样本量	22 171	22 171	22 171
调整 R^2	0.350	0.022	0.013

注:***:1% 水平上显著;**:5% 水平上显著;*:10% 水平上显著。括号内为系数 t 值。

表 5-12、表 5-13 分别报告了采用价格模型、超额回报模型和超额价格模型对资产减值损失和公允价值变动收益的增量价值相关性进行检验的 OLS 回归结果和 White 回归结果。结果显示,不管是 OLS 的 t 值还是 White 的 t 值,资产减值损失(PAL)的估计系数均显著为负,通过了显著性检验,表明资产减值损失越高,股票年末市价、股票超额回报和股票超额价格越低,说明资产减值损失具有增量价值相关性;不管是 OLS 的 t 值还是 White 的 t 值,公允价值变动收益(PFVPS)的估计系数在 1% 水平下显著为正,通过了显著性检验,表明公允价值变动收益越高,股票年末市价、股票超额回报和股票超额价格越高,说明公允价值变动收益具有增量价值相关性。上述结果验证了假设 4。

表 5-13　　增量关联下水平模型的 White 回归结果（分解营业利润）

	价格模型（P）	超额回报模型（UR）	超额价格模型（UP）
YSPS	6.760***	0.132***	1.159***
	（31.152）	（10.380）	（5.003）
PAL	−0.734**	−0.072**	−1.393*
	（−2.408）	（−2.391）	（−1.766）
PFVPS	5.107***	4.217***	47.014***
	（7.746）	（8.546）	（6.782）
EPA	1.146***	−0.032***	−0.244***
	（28.260）	（−12.779）	（−5.580）
截距项	7.067***	0.239***	−0.646***
	（52.197）	（22.597）	（−4.432）
样本量	22 171	22 171	22 171
调整 R^2	0.350	0.022	0.013

注：***：1% 水平上显著；**：5% 水平上显著；*：10% 水平上显著。括号内为 White 异方差调整后的系数 t 值。

同时，模型整体调整 R^2 结果也说明采用价格模型的整体拟合优度明显高于超额回报模型和超额价格模型。此外，从价格模型来看，营业利润分解模型的拟合优度（0.350）高于营业利润模型（0.277）；从超额回报模型来看，营业利润分解模型的拟合优度（0.022）高于营业利润模型（0.006）；从超额价格模型来看，营业利润分解模型的拟合优度（0.013）高于营业利润模型（0.001）；上述结果均说明营业利润分解模型具有较高的分解效率。

5.5　新旧准则下盈余价值相关性分析

我们进一步比较了 2007 年实施新企业会计准则前后经营盈余、已实现盈余和营业利润的价值相关性，为此我们设计了以下模型来检验上述问题：

$$P_t = \alpha_0 + \alpha_1 JYPS_t + \alpha_2 New + \alpha_3 JYPS_t*New_t + \alpha_4 EPA_t + \varepsilon_t \qquad (5-16)$$

$$P_t = \beta_0 + \beta_1 YSPS_t + \beta_2 New + \beta_3 YSPS_t*New_t + \beta_4 EPA_t + \varepsilon_t \qquad (5-17)$$

$$P_t = \lambda_0 + \lambda_1 OPS_t + \lambda_2 New + \lambda_3 OPS_t*New_t + \lambda_4 EPA_t + \varepsilon_t \qquad (5-18)$$

其中，New 为是否在新企业会计准则下的哑变量，当实施旧企业会计准则时，New=0，当实施新企业会计准则时，New=1。JYPS *New 为 JYPS 和 New 的交互项，YSPS *New 为 YSPS 和 New 的交互项，OPS *New 为 OPS 和 New 的交互项。此部分为了使得新旧企业会计准则下的报表数据涵盖尽可能多的年限，选择的初始样本为 2002—2017 年间中国 A 股非金融类上市公司年度数据。

表 5-14 报告了比较新旧企业会计准则下盈余价值相关性的实证结果。回归结果显示，经营盈余（JYPS）、已实现盈余（YSPS）、营业利润（OPS）的估计系数均在 1% 水平下显著为正，通过了显著性检验，表明在旧企业会计准则下经营盈余、已实现盈余、营业利润越高，股票年末市价越高，说明在旧企业会计准则下经营盈余、已实现盈余、营业利润已具有价值相关性；而 JYPS*New 、YSPS*New 和 OPS*New 的估计系数也均通过显著性检验，检验结果说明经营盈余、已实现盈余和营业利润的价值相关性在新企业会计准则颁布实施后进一步得到了改善。

表 5-14　　　　新旧准则比较下盈余价值相关性的实证结果

	经营盈余	已实现盈余	营业利润
JYPS	2.100*** （6.024）		
YSPS		0.794*** （3.014）	
OPS			4.667*** （13.995）
NEW	4.302*** （25.184）	4.623*** （27.593）	5.523*** （30.676）
JYPS*NEW	5.744*** （15.615）		

续表

	经营盈余	已实现盈余	营业利润
YSPS*NEW		3.663***	
		（13.203）	
OPS*NEW			5.421***
			（15.161）
EPA	1.181***	1.413***	
	（38.862）	（47.617）	
截距项	4.217***	3.735***	7.141***
	（25.029）	（22.414）	（45.081）
样本量	28 229	28 229	28 229
调整 R²	0.301	0.282	0.243

注：***：1% 水平上显著；**：5% 水平上显著；*：10% 水平上显著。括号内为系数 t 值。

5.6 稳健性检验

虽然前文的基本假设已经得到了检验，但超额回报模型和超额价格模型的调整 R^2 非常低，我们认为这可能是由于 2007 年下半年至 2014 年年底我国股市受到了金融危机的影响，股市基本上长期处于熊市，公司的盈余数据对股票收益影响较小，同时公司的行业属性也会对价值相关性产生影响。因此，为了使研究结论更加稳健，我们在超额价格模型中控制了年度和行业效应，即以交通运输、仓储和邮政业作为基准分别设置了 16 个行业哑变量[①]；以 2007 年作为基准分别设置了 2008、2009、2010、2011、2012、2013、2014、2015、2016、2017 这 10 个年度哑变量。表 5-15、表 5-16 和表 5-17 分别报告了稳健性检验的结果。表 5-15、表 5-16 和表 5-17 的结果均显示，调整 R^2 得到了很大程度的

---

① 本文采用 2012 年证监会发布的《上市公司行业分类指引》，剔除金融业后共为 18 个行业，无样本公司分布在居民服务、修理和其他服务业，因此共 16 个行业哑变量。

提高，并且前文的基本假设依然得到了验证。同样地，我们在价格模型和超额回报模型中也控制了年度和行业效应，上述结论依然成立，限于篇幅就不再赘述。

表 5-15　　　相对关联下水平模型回归结果（超额价格模型）

	经营盈余	已实现盈余	营业利润
JYPS	0.596***		
	(4.054)		
YSPS		1.073***	
		(7.337)	
OPS			1.068***
			(7.656)
EPA	−0.062**	−0.134***	−0.134***
	(−2.126)	(−4.394)	(−4.467)
行业	控制	控制	控制
年度	控制	控制	控制
截距项	11.056***	11.030***	11.038***
	(27.775)	(27.739)	(27.761)
样本量	22 171	22 171	22 171
调整 R²	0.344	0.346	0.343

注：***：1% 水平上显著；**：5% 水平上显著；*：10% 水平上显著。括号内为系数 t 值。

为了更进一步检验上述研究结论的稳健性，作者借鉴 Easton 和 Hirris（1991）、程小可（2006）提出的水平与变化收益模型（Level and Change Model）。在水平与变化收益模型中，被解释变量采用股票市场收益，即前文所指的 R_t，$R_t=（P_t-P_{t-1}）/P_{t-1}$。解释变量不仅包括了水平收益项，还包括了变化收益项。具体的水平与变化收益模型如下所示：

经营盈余价值相关性研究下的水平与变化收益模型：

$$R_t = \alpha_0 + \alpha_1 JYPS_t + + \alpha_2 DJYPS_t + \alpha_3 EPA_t + \varepsilon_t \tag{5-19}$$

已实现盈余价值相关性研究下的水平与变化收益模型：

$$R_t = \beta_0 + \beta_1 YSPS_t + \beta_2 DYSPS_t + \beta_3 EPA_t + \varepsilon_t \tag{5-20}$$

表 5-16　　增量关联下水平模型回归结果（分解已实现盈余）

	超额价格模型（UP）
JYPS	0.870***
	（5.796）
PREV	3.888***
	（8.659）
EPA	−0.138***
	（−4.536）
行业	控制
年度	控制
截距项	10.863***
	（27.291）
样本量	22 171
调整 R²	0.356

注：***：1% 水平上显著；**：5% 水平上显著；*：10% 水平上显著。括号内为系数 t 值。

表 5-17　　增量关联下水平模型回归结果（分解营业利润）

	超额价格模型（UP）
YSPS	1.077***
	（7.389）
PAL	−0.038*
	（−1.761）
PFVPS	9.761*
	（1.754）
EPA	−0.137***
	（−4.471）
行业	控制
年度	控制
截距项	11.014***
	（27.690）
样本量	22 171
调整 R²	0.358

注：***：1% 水平上显著；**：5% 水平上显著；*：10% 水平上显著。括号内为系数 t 值。

营业利润价值相关性研究下的水平与变化收益模型：

$$R_t = \lambda_0 + \lambda_1 OPS_t + \lambda_2 DOPS_t + \lambda_3 EPA_t + \varepsilon_t \qquad (5-21)$$

投资收益增量价值相关性研究下的水平与变化收益模型：

$$R_t = \mu_0 + \mu_1 JYPS_t + \mu_2 DJYPS_t + \mu_3 PREV_t + \mu_4 DPREV_t + \mu_5 EPA_t + \upsilon_t \qquad (5-22)$$

资产减值损失和公允价值变动收益增量价值相关性研究下的水平与变化收益模型：

$$R_t = \chi_0 + \chi_1 YSPS_t + \chi_2 DYSPS_t + \chi_3 PAL_t + \chi_4 DPAL_t + \chi_5 PFVPS_t +$$
$$\chi_6 DPFVPS_t + \chi_7 EPA_t + \gamma_t \qquad (5-23)$$

其中，DJYPS 为第 t 期与第 t-1 期的每股经营盈余差额；DYSPS 为第 t 期与第 t-1 期的每股已实现盈余差额；DOPS 为第 t 期与第 t-1 期的每股营业利润差额；DPREV 为第 t 期与第 t-1 期的每股投资收益差额；DPAL 为第 t 期与第 t-1 期的每股资产减值损失差额；DPFVPS 为第 t 期与第 t-1 期的每股公允价值变动收益差额。

表 5-18、表 5-19 显示了经营盈余、已实现盈余和营业利润的相对关联下水平与变化收益模型的回归结果。回归结果显示，JYPS、YSPS 和 OPS 的估计系数均在 1% 水平下显著为正，DJYPS、DYSPS 和 DOPS 的估计系数也均在 1% 水平下显著为正。结果表明，在水平与变化收益模型下，经营盈余、已实现盈余和营业利润均具有价值相关性。同时，JYPS 的估计系数（0.074）、OPS 的估计系数（0.059）均低于 YSPS 的估计系数（0.086），并且经营盈余模型的整体调整 R^2（0.070）、营业利润模型的整体调整 R^2（0.064）均低于已实现盈余模型的整体调整 R^2（0.081），这也表明了已实现盈余比经营盈余、营业利润具有更高的价值相关性。

表 5-20 显示了投资收益增量价值相关性研究下水平与变化收益模型（分解已实现盈余）的回归结果。回归结果显示，PREV 的估计系数在 1% 水平下显著为正，这表明在水平与变化收益模型下，投资收益具有增量价值相关性。此外，已实现盈余分解模型的拟合优度（0.082）高于已实现盈余模型（0.081），表明已实现盈余分解模型具有略高的分解效率。

表 5-21 显示了资产减值损失和公允价值变动收益增量价值相关性

表 5-18　　相对关联下水平与变化收益模型的 OLS 回归结果

	经营盈余	已实现盈余	营业利润
JYPS	0.074*** (6.934)		
DJYPS	0.591*** (39.406)		
YSPS		0.086*** (5.956)	
DYSPS		0.587*** (41.947)	
OPS			0.059*** (4.814)
DOPS			0.480*** (36.574)
EPA	−0.009*** (−3.819)	−0.011*** (−4.643)	−0.013*** (−5.318)
截距项	0.236*** (24.974)	0.242*** (25.821)	0.240*** (25.143)
样本量	22 171	22 171	22 171
调整 R²	0.070	0.081	0.064

注：***：1% 水平上显著；**：5% 水平上显著；*：10% 水平上显著。括号内为系数 t 值。

表 5-19　　相对关联下水平与变化收益模型的 White 回归结果

	经营盈余	已实现盈余	营业利润
JYPS	0.074*** (6.565)		
DJYPS	0.591*** (36.715)		
YSPS		0.086*** (5.632)	

续表

	经营盈余	已实现盈余	营业利润
DYSPS		0.587***	
		（38.540）	
OPS			0.059***
			（4.598）
DOPS			0.480***
			（33.877）
EPA	−0.009***	−0.011***	−0.013***
	（−3.788）	（−4.634）	（−5.346）
截距项	0.236***	0.242***	0.240***
	（22.950）	（23.663）	（23.093）
样本量	22 171	22 171	22 171
调整 R^2	0.070	0.081	0.064

注：***：1% 水平上显著；**：5% 水平上显著；*：10% 水平上显著。括号内为 White 异方差调整后的系数 t 值。

表 5-20 　增量关联下水平与变化收益模型回归结果（分解已实现盈余）

	OLS	White
JYPS	0.078***	0.078***
	（6.136）	（5.802）
DJYPS	0.599***	0.599***
	（39.944）	（36.964）
PREV	0.030***	0.030***
	（18.735）	（17.773）
DPREV	0.720***	0.720***
	（15.283）	（16.026）
EPA	−0.011***	−0.011***
	（−4.729）	（−4.701）
截距项	0.241***	0.241***
	（25.638）	（23.510）
样本量	22 171	22 171
调整 R^2	0.082	0.082

注：***：1% 水平上显著；**：5% 水平上显著；*：10% 水平上显著。括号内为系数 t 值。

研究下水平与变化收益模型（分解营业利润）的回归结果。回归结果显示，DPAL 的估计系数在 1% 水平下显著为负，DPFVPS 的估计系数在 1% 水平下显著为正，说明在水平与变化收益模型下，资产减值损失和公允价值变动收益均具有增量价值相关性。此外，营业利润分解模型的拟合优度（0.088）高于营业利润模型（0.064），说明营业利润分解模型具有较高的分解效率。

表 5-21　　增量关联下水平与变化收益模型回归结果（分解营业利润）

	OLS	White
YSPS	0.074***	0.074***
	（6.010）	（5.702）
DYSPS	0.591***	0.591***
	（42.399）	（38.970）
PAL	−0.274***	−0.274***
	（−4.394）	（−4.262）
DPAL	−0.260***	−0.260***
	（−4.448）	（−3.946）
PFVPS	0.752***	0.752***
	（9.288）	（8.338）
DPFVPS	3.402***	3.402***
	（8.509）	（9.416）
EPA	−0.011***	−0.011***
	（−4.389）	（−4.387）
截距项	0.252***	0.252***
	（26.291）	（24.058）
样本量	22 171	22 171
调整 R^2	0.088	0.088

　　注：***：1% 水平上显著；**：5% 水平上显著；*：10% 水平上显著。括号内为系数 t 值。

5.7　研究结论

本章利用 2007—2017 年间 22 171 家中国 A 股非金融类上市公司年度数据，研究盈余报告变迁后营业利润项目的价值相关性问题，具体研究了经营盈余、已实现盈余和营业利润的价值相关性及相对大小，以及投资收益、资产减值损失和公允价值变动收益的增量价值相关性等问题。研究结果发现，经营盈余、已实现盈余和营业利润越高，股票年末价格、股票超额回报和股票超额价格越高，表明了经营盈余、已实现盈余、营业利润具有价值相关性，且进一步研究表明已实现盈余具有更高的价值相关性。

同时，研究表明投资收益越高，股票年末市价、股票超额回报和股票超额价格越高，说明投资收益具有增量价值相关性，且已实现盈余分解模型具有略高的分解效率；资产减值损失越高，股票年末市价、股票超额回报和股票超额价格越低，说明资产减值损失具有增量价值相关性，公允价值变动收益越高，股票年末市价、股票超额回报和股票超额价格越高，说明公允价值变动收益具有增量价值相关性，且营业利润分解模型具有较高的分解效率。

进一步扩展研究表明，2006 年及以前的旧企业会计准则下经营盈余、已实现盈余、营业利润已具有价值相关性，但经营盈余、已实现盈余和营业利润的价值相关性在 2007 年实施新企业会计准则后又进一步得到了改善。

在稳健性检验中，控制了年度和行业效应，以及在水平与变化收益模型下，本章的上述结论依然成立。

上述结果说明将营业利润进一步分解有助于提高盈余信息的价值相关性，为我们提出重新分解盈余提供了支持，我们建议在利润表分步式列报下，在营业利润之前增设"已实现盈余"项目。

综上所述，本章首次提出将营业利润分解得到经营盈余和已实现盈余，并研究了在 2007 年及以后实施的企业会计准则下营业利润、经营盈余和已实现盈余的价值相关性及相对大小，并结合新旧准则进行了比较。进一步还探讨了投资收益、公允价值变动收益和资产减值损失这三项盈余具体构成项目的增量价值相关性。本章丰富了盈余分解项目价值相关性方面的研究，同时也为我国准则制定者提供了参考依据。

第6章 盈余报告变迁动向与盈余价值相关性：分类列报视角

20世纪90年代以来，随着企业经营中融资活动和投资活动的日益凸显，衍生金融工具的不断创新和大量使用，会计理念从"收入费用观"发展为"资产负债观"，收益确认时传统的实现原则开始被突破，收益概念扩展至综合收益，盈余报告相应发生了一系列的改革与完善，并取得卓越成效。但由于受会计理论和会计技术的制约，以及对会计准则的经济后果和实用性的考虑，财务报表总是在传统模式基础上进行着渐进式改革。但学术界和实务界也从未停止对财务报表进行创新式改革的探索，并已取得一些有新意、有创见的成果。尽管这些成果尚未以准则的形式予以体现，甚至还存在争论与分歧，但任何不同的新思路都能启发人们的思考，推动事物更好地发展。因此，本书在分析和验证盈余报告已发生的变迁对盈余价值相关性的影响后，再基于盈余报告变迁动向研究其对盈余价值相关性的作用。

由于本书涉及的盈余报告变迁动向方面的研究成果目前仍停留在理论层面，尚未实施，无法获取必要的数据进行档案研究。因此，本部分采用实验研究方法，通过构造盈余报告变迁动向实施的情境，实现对其实施效果的事先检验。同时，实验研究可以控制独立变量的变化和有关因素的影响，消除其他所有干扰因素的影响，使实验在一个相对"干净"的环境中完成，保证研究的内部有效性、结构有效性和统计结论的有效性。

本章安排如下：第一节是问题的提出，简单介绍研究的背景；第二节是理论分析与研究假设；第三节是研究设计，主要介绍了实验设计、实验任务、被试情况和实验步骤；第四节是实验结果分析，包括随机性检验、操控性检验和假设检验；第五节归纳了研究结论。

6.1　问题的提出

长期以来，会计信息使用者对于现行财务报表列报存在许多批评，与盈余报告相关的批评集中在两点：一是现行盈余报告将某些性质不同的项目汇总成一个数字列示，盈余信息没有充分分解，掩盖了一些重要的差异性信息，降低了信息有用性。二是已确认的交易或事项在不同报表列报时采用的分类标准不同，使用者很难理解报表之间的钩稽关系。如现金流量表按经营、投资和筹资分类披露现金流，而资产负债表和盈余报告未按此标准分类提供相应信息，使用者很难通过比较"经营资产"、"经营收入"和"经营活动现金流"来评估实体的盈利质量和运营效率。以上问题的出现使学术界和实务界开始关注财务报表尤其是盈余报告列报的改革。

1999 年，G 4+1 提出了按收益来源进行分类列报的盈余报告模式，建议将企业活动分为经营活动、理财和其他筹资活动、其他利得和损失相关的活动，并在盈余报告中对应地报告三种收益：经营收益、理财收益、其他利得和损失。之后也有相关研究提出各种盈余分类列报方式。然而在过去的 20 年里，对于盈余报告的改革，准则制定机构更多地将关注点放在了综合收益的确认、计量与报告方面，直至 2007 年 9 月，IASB 完成对《国际会计准则第 1 号——财务报表列报》的修订。

2008 年 10 月 16 日，IASB 和 FASB 针对财务报表列报方式中存在的问题，联合发布《关于财务报表列报初步意见（征求意见稿）》（以下简称征求意见稿），确立了"内在一致、信息分解、流动性和财务弹性的评价"等财务报表列报目标，以业务活动与相应资源配置及运行效率间的"一因一果型完全对应"式分类列报和加强报表间的内聚性为核心，对表内的分类、再分类及其排列组合提出重大的改变，对财务报表列报进行了"颠覆式"的变革，其建议的财务报表列示结构见第3章表3-2。其中，有关盈余报告的变化体现为以下几点：一是将盈余报告命名为"综合收益表"；二是将盈余信息分解为业务、筹资、所得税、终止经营和其他综合收益五大类，其中业务进一步分为经营和投资两类。在确定盈余类别时，首先确定资产和负债的类别，然后根据资产和负债的类别确认由此产生的损益的类别。

IASB 和 FASB 提出的以业务活动与相应资源配置及运行效率间的"一因一果型完全对应"式分类列报为核心的财务报表列报改革具有很大的新意，它强调通过提高报表项目与报表及报表之间的"内在一致性"（即内聚性），增强财务报表信息对决策的有用性。尽管受各种因素制约，这份征求意见稿尚未上升为准则"语言"，但从学术研究角度来看，这种"颠覆式"变革至少呈现出财务报表列报的新方向和新思路，值得进一步关注与研究，并可按照有借鉴、有继承、有创新和渐进式改革的思路，服务于我国的财务报表列报的改革道路。因此，本部分基于 IASB 和 FASB《关于财务报表列报初步意见（征求意见稿）》中提出的财务报表分类列报模式，研究其对盈余价值相关性产生的影响，为我国盈余报告分类列报改革研究提供经验数据。

6.2　理论分析与研究假设

根据有效市场假说，财务报表表内信息的分类方法和列报位置不影响信息的价值相关性。但是，市场异象使得功能锁定假说具有现实性。功能锁定假说认为投资者在决策过程中往往锁定于某种特定的表面信息，不能充分理解和利用有关信息来评估证券价值，从而无法作出正确的投资决策。当财务信息确认或披露不完全符合其归类特征时，投资者就会出现判断偏误。以会计盈余信息为例，市场对会计盈余信息的功能锁定体现为投资者只注意到名义的盈余数字，而对会计盈余的组成类别和结构没有给予应有的关注，对盈余金额相同但质量不同的公司的股票不能区别定价。因此，根据功能锁定假说，在资本市场不充分有效的条件下，会计信息的报告方式与内容对于信息使用者的决策而言是同等重要的。

反映业务活动与相应资源配置及运行效率的"一因一果型完全对应"式财务报表新列报方式①与现行列报方式最大的不同是："一因一果型完全对应"式列报方式强调分类列报，要求对经济意义不同的项目进行合理分解，并采用相似的方式在各报表中分类列示。分类时要求把持续经营与非持续经营分开列示，持续经营活动再分为业务活动和筹资活动，业务类进一步分为"经营"与"投资"两部分。这种合理分解有助于提高报表项目与报表及报表与报表之间的内在一致性。从会计盈余角度分析，新列报方式将现行的业务活动与财务结果间的"多因一果型模糊对应"发展为业务活动与相应资源配置及运行效率间的"一因一果型完全对应"，有助于增强盈余信息的反映和预测能力，提高其价值相关性②。

根据以上分析，作者提出如下假设：

H1：在其他条件相同的情况下，相对于现行列报方式，新列报方式有助于提高投资者对盈余价值相关性的感知，进而改变其投资可能性。

按照新列报方式编制财务报表时，第一步是确定资产和负债的类别，并根据其类别确定由此产生的损益的类别。因此，如何对资产和负债进行分类是以新列报方式编制财务报表的关键问题。由于不同实体的经营战略、运作方式各不相同，如果采用"标准法"③进行分类，将不

①　指《关于财务报表列报初步意见（征求意见稿）》规定的财务报表列报方式。
②　价值相关性作为实证会计研究的主要范畴，主要研究资本市场环境下会计指标与公司价值之间不仅限于因果关系的关联程度。在该前提下，大量文献研究了会计数据与股价或回报之间的相关关系。此外，当使用未来盈余或未来现金流作为公司未来价值的替代变量（至少是信号）时，价值相关性研究便表现为目前的会计数据对未来盈余或未来现金流的预测能力。本章所指的价值相关性是后者，即会计数据的预测能力，这与第4章、第5章以目前会计指标对同期股价的解释力来衡量价值相关性有所不同。
③　与"管理层法"不同的是，以现行方式编制财务报表时，对资产、负债的分类由会计准则做出明确规定，我们将其称为"标准法"。

能客观、真实地反映企业经济活动的本质，不利于信息使用者获悉不同实体各项活动的独特信息，从而导致会计信息的有用性下降。而管理层直接管理、经营实体及其资源，最为清楚资源的使用方式，如果不允许管理层自由判断，对投资者而言并不是最好的。因此，新列报方式中建议引入"管理层法"，即由管理层按资产、负债在实体内部的使用方式来分类，分类依据要作为会计政策在报表附注中披露。"管理层法"对财务报表列报的影响至少体现在两个方面：一是由管理层决定某一交易或事项在五大类别（经营、融资、所得税、非持续性经营、所有者权益）中的哪一类披露；二是由管理层决定每一类别中各项目披露的详略程度。

与"标准法"相比，"管理层法"赋予了管理层决定对外披露会计信息的内容和方式的权力，可以提高披露信息的相关性。但同时管理层的剩余权力增加，可能会加大管理层操纵的风险，造成"机会主义"分类和盈余操纵，导致在执行中出现各种问题。因此，新列报方式对"管理层法"的引入使我们将关注的焦点转移至公司管理层诚信度。

如果公司管理层诚信度较高，传递给会计信息使用者的信号是"管理层法"的执行效果也会较好。与现行列报方式相比，新列报方式由于采用了更合理的分类列报原则和可信的实现手段，盈余价值相关性将大为增强，从而显著改变投资者的决策。但如果公司管理层诚信度较低，新列报方式的优势将会被实施过程中存在缺陷的"管理层法"所抵减，盈余价值相关性不会因财务报表列报方式的不同而发生显著改变，进而投资者的投资可能性也不会发生显著变化。

同时，根据信息来源可靠性理论，当个人面对不确定性时，将倾向于优先使用来源可信的信息。先前的会计和心理学的研究也显示，个人会对来源可信度较高的信息赋予更大的权重。对投资者而言，除审计报告外，管理层的诚信度也间接影响着投资者对会计信息的依赖程度。当管理层诚信度较高时，投资者会对管理层给予更多的信任，更加相信管理层披露的会计信息，在判断和决策时会对这些信息赋予更高的权重，并影响最终作出的投资决策。当管理层诚信度较低时，投资者在使用会计信息时会对其赋予较小的权重。

由此可见，旨在通过分类列报提高会计信息价值相关性的新列报方式，由于引入了可能导致会计信息可靠性降低的"管理层法"，其实施效果将受到管理层诚信度的调节。

根据以上分析，作者提出如下假设：

H2a： 当管理层诚信度较高时，相对于现行列报方式，新列报方式有助于提高投资者对盈余价值相关性的感知，进而改变其投资可能性。

H2b： 当管理层诚信度较低时，相对于现行列报方式，新列报方式不会显著改变投资者对盈余价值相关性的感知，并进而改变其投资可能性。

根据决策有用观，财务报表列报的主要目标是提供对会计信息使用者制定经济决策有用的有关实体财务、盈利和现金流状况的信息。因此，无论是以现行方式列报的盈余报告，还是以新方式列报的盈余报告，都会使信息使用者对盈余价值相关性产生不同的感知，并进而影响其最终作出的投资决策。即投资者对盈余价值相关性的感知中介了盈余报告列报方式与投资决策之间的关系。

根据以上分析，作者提出如下假设：

H3： 投资者感知的盈余价值相关性会中介盈余报告列报方式与投资可能性之间的关系。

6.3 研究设计

6.3.1 实验设计

本次实验的自变量包括两个因素：第一个因素是盈余报告列报方式，有两个水平：现行列报方式和新列报方式；第二个因素是公司管理层诚信度，有两个水平：管理层诚信度高和管理层诚信度低。因变量也包括两个因素：投资者对盈余价值相关性的感知和投资可能性。

本研究采用了 2×2 的被试间设计，即根据自变量的组合，分为四个组，每个被试只接受一个水平的实验处理，这样可以有效避免被试因为实验时间过长、次数过多而产生的疲劳效应和学习效应。

6.3.2 实验任务

被试被假定正考虑投资于 MN 公司股票，需要根据提供的实验材料作出投资决策。其中，一份完整的实验材料共包含四部分信息（见附录 2：实验材料）。

A 部分是 MN 公司背景信息及与投资相关的重要财务指标，包括总资产、营业收入、净利润、每股收益、总资产收益率和净资产收益率等。

要求被试阅读完以上信息后，回答以下两个问题："您认为 MN 公司的盈余价值相关性如何？"请在 11 分量表上标出（其中 1 代表几乎没有价值相关性，6 代表价值相关性一般，11 代表价值相关性极高）；"您对 MN 公司进行投资的意愿如何？"请在 13 分量表中标出（其中 1 代表几乎没有感觉，7 代表与其他公司无异，13 代表有强烈的意愿）。

B 部分是 MN 公司 T 年度盈余报告。为实现对财务报表列报方式的操控，组间不同的盈余报告实为一家公司的会计信息[1]分别按新列报方式[2]和现行列报方式[3]进行的列报。

C 部分是对 MN 公司管理层诚信度进行操控的内容。给被试提供了 MN 公司对过去三年"产品质量保证"估计的准确性方面的信息披露。其中管理层诚信度较低组的被试会看到：MN 公司在过去三年对"产品质量保证"作出的估计十分不准确，其偏差程度为估计金额的 200% 左右，而且方向都是相同的，都是低估负债和高估收益。管理层诚信度较高组的被试会看到：MN 公司在过去三年里对"产品质量保证"所作出的估计是准确的，偏差金额在估计金额的 10% 以内，且方向有正有负。同时还提供了 MN 公司所在行业内其他公司的信息，该信息显示，在该

---

[1] 因新列报方式编制财务报表时需要采用"管理层法"，为保证所提供财务报表的准确性和不同组间的可比性，在准备实验材料时，首先确定以新列报方式提供的财务报表，再由作者自行根据现行会计准则的要求进行调整，将其转换为现行列报方式下财务报表。同时为保证报表转换的准确性，该工作又经专人复核。

[2] 为避免新列报方式下"管理层法"的主观臆断性，本书直接选用了《财务报表列报的初步观点（征求意见稿）》中的实例 1。

[3] 为保证不同组间的可比性，由作者依据现行会计准则的要求将新列报方式下的盈余报告转换为现行列报方式下盈余报告。转换时主要依据财会字〔2009〕8 号《企业会计准则解释第 3 号》，原因如下：第一，《财务报表列报的初步观点（征求意见稿）》实例 1 中的"其他综合收益"为总括性数值，无法获取更详细的信息对其进一步分类；第二，《财务报表列报的初步观点（征求意见稿）》中的一个亮点是将企业活动分为持续经营和终止经营两部分，财会字〔2017〕30 号《财政部关于修订印发 2018 年度一般企业财务报表格式的通知》开始引用该观点，将净利润分为持续经营净利润和终止经营净利润。综合以上原因，本实验中现行列报方式下的盈余报告主要依据《企业会计准则解释第 3 号》进行调整。

行业中除了 MN 公司外，其他公司在会计估计方面都很不准确。[①]

同时，为避免管理层诚信度对投资者作出决策带来的锚定效应，还提供了 D 部分信息——注册会计师关于 MN 公司 T 年度财务报表出具的审计报告。

阅读完 B、C、D 三部分信息后，要求被试再次在 11 分量表上标出对 MN 公司盈余价值相关性的感知，在 13 分量表上标出对该公司投资的可能性。

6.3.3 被试情况

本实验选择某财经大学 MBA 学院二年级的 MBA 学生作为被试，即作为资本市场普通投资者的替代。我们之所以使用 MBA 学生作为替代，主要基于以下两个原因：一是 Elliott 等（2007）研究发现，MBA 学生是非职业投资者合适的替代；二是在国外的此类实验研究中都以 MBA 学生作为被试。本实验被试共计 120 人，扣除未通过操控检验的 3 人，有效被试 117 人。他们的平均年龄为 33.29 岁，工作年限平均为 9.88 年，投资经验平均为 4.45 年。被试已学习过财务会计和财务报表分析等课程，具备投资专业知识和一定的实践经验。实验是在 MBA 学院"投资与理财"课堂上进行的。

6.3.4 实验步骤

实验共分四步：

首先，由实验主持人介绍实验任务和报酬方案。报酬方案规定，如果被试的选择和大多人的选择一致，将获得一定数额的正常报酬；如果选择与大多数人不一致，将不能获得报酬。

其次，将实验材料按组发放给被试，要求被试在阅读完材料之后，回答相关问题。待被试完成后收回。

再次，进行操控检验。要求被试回答三个问题：一是"该公司财务报

[①] 张继勋、张丽霞（2012）在"会计估计的准确性、行业共识信息与个体投资者的决策"一文中，根据归因理论提出：投资者在获得了公司会计估计不准确的信息后，会归因于行为主体的属性，即管理层诚信低；投资者获得了公司会计估计准确而同行业其他公司会计估计不准确的信息情况下，才可能将会计估计准确性归因为管理层诚信，并对管理层给予较高的评价。以上观点通过实验研究予以证实，本书运用该研究结论对管理层诚信度进行操控。

表列报方式是否与我国现行《企业会计准则第 30 号——财务报表列报》规定一致?",要求被试在"是"和"否"之间进行选择;二是"您认为该公司管理层诚信度水平如何?",要求被试在 9 分量表中标出(其中 1 代表一点也不诚信,5 代表与其他公司无异,9 代表非常诚信);三是"注册会计师对该公司财务报告出具的审计意见是什么类型?",要求被试在"无保留意见"、"保留意见"、"否定意见"和"无法表示意见"之间进行选择。

最后,统计信息,发放报酬。

6.4 实验结果分析

6.4.1 随机性检验

因本实验采取被试间设计,接受自变量不同水平处理的被试各不相同,可能很难分辨出因变量的变化是由于自变量的变化所致还是被试间的差异所致。为了排除被试间差异对实验结果的影响,在该实验开始之前,我们执行随机化程序,通过带标记的卡片将被试随机地分配到不同的组内。尽管如此,对于是否真正实现了随机化分组,还需要通过统计检验加以确认。

考虑本次实验结果可能受被试年龄、工作年限和投资经验等特征的影响,我们对各因素分别进行单因素方差分析,检验在不同的处理组之间被试的这些特征是否存在显著差异。

(1)被试年龄

被试年龄的单因素方差分析结果见表 6-1。结果显示各组被试在年龄上不存在显著差异(F=0.18,P=0.910),证明该实验有效地对被试年龄实现了随机化分组。

表 6-1　　　被试年龄的单因素方差分析

	均方和	自由度	均方差	F值	P值
组间	4.215	3	1.405	0.18	0.910
组内	879.905	113	7.787		
总体	884.120	116	7.622		

（2）被试工作年限

被试工作年限的单因素方差分析结果见表 6-2。结果表明各组被试在工作年限上不存在显著差异（F=0.19，P=0.905），证明该实验对被试的工作年限实现了有效的随机化分组。

表 6-2　　　　　　　　被试工作年限的单因素方差分析

	均方和	自由度	均方差	F 值	P 值
组间	4.665	3	1.555	0.19	0.905
组内	939.660	113	8.316		
总体	944.325	116	8.141		

（3）被试投资经验

各组被试之前投资经验的差异会影响实验结果的可信度。排除被试自身投资经验对该实验结果的影响，则显得非常重要。被试投资经验的单因素方差分析结果见表 6-3。结果表明各组被试的投资经验不存在显著差异（F=0.15，P=0.929），说明该实验有效地实现了对投资经验不同的被试的随机化分组。

表 6-3　　　　　　　　被试投资经验的单因素方差分析

	均方和	自由度	均方差	F 值	P 值
组间	2.807	3	0.936	0.15	0.929
组内	698.184	113	6.179		
总体	700.991	116	6.043		

通过以上对被试特征的随机性检验，可以证明本实验有效地实现了对被试特征的随机化分组，排除了实验过程中这些额外因素对实验结果产生的干扰，保证了自变量与因变量之间因果关系的明确程度。具有较强内部效度的实证设计为提高实验结果的可信度奠定了基础。

6.4.2　操控性检验

（1）盈余列报方式的操控检验

为了检验被试在实验过程中是否感受到了盈余列报方式的不同，我

们在实验中询问了被试"MN 公司财务报表列报方式是否与我国现行
《企业会计准则第 30 号——财务报表列报》规定一致",由被试在"是"
"否"中作出选择。有 1 名被试选择错误,未通过操控检验,在之后实
验结果分析中剔除了该名被试。

（2）管理层诚信度的操控检验

为了检验不同组的被试在实验过程中是否感受到了管理层不同程度
的诚信度,我们要求被试在 9 分量表中评价"MN 公司管理层的诚信
度"（其中 1 代表一点也不诚信,5 代表与其他公司无异,9 代表非常诚
信）。管理层诚信度高的一组均值为 7.56 分,诚信度低的一组的均值为
3.44 分,前者显著高于后者（t=-10.215,P=0.000）,证明该实验成功地
实现了对管理层诚信度的操控。

（3）管理层诚信度锚定效应的操控检验

为了避免管理层诚信度对被试判断的锚定效应,我们在实验中询问
了被试"注册会计师对 MN 公司财务报告出具的审计意见是什么类
型?",要求被试在"无保留意见"、"保留意见"、"否定意见"和"无法
表示意见"之间进行选择。有 2 名被试选择错误,未通过操控检验,在
之后实验结果分析中剔除了这些被试。

6.4.3 假设检验

（1）盈余报告列报方式的主效应检验

为了验证提出的假设,我们实验采用方差分析检验了盈余报告列报
方式对投资者感知的盈余价值相关性和投资可能性的影响。方差分析结
果见表 6-6、表 6-7。

表 6-6 显示,盈余报告列报方式对投资者感知的盈余价值相关性
的主效应显著（F=5.77,P=0.018）,说明当盈余报告采用新列报方式
时,投资者感知的盈余价值相关性显著区别于现行列报方式。表 6-4
描述性统计显示,现行列报方式组投资者感知的盈余价值相关性均值为
4.27,新列报方式组的均值为 5.22,后者显著高于前者。

表 6-7 显示,盈余报告列报方式对投资者投资可能性的主效应显
著（F=5.87,P=0.017）,说明当盈余报告采用新列报方式时,投资者的

表 6-4　　　　投资者感知的盈余价值相关性的描述性统计

管理层 诚信度	盈余 列报方式	样本量	均值	标准差
诚信度低	现行方式	29	3.93	1.95
	新方式	30	4.07	2.03
	合计	59	4.00	1.99
诚信度高	现行方式	30	4.60	2.46
	新方式	28	6.46	2.37
	合计	58	5.50	2.59
合计	现行方式	59	4.27	2.25
	新方式	58	5.22	2.51
	合计	117	4.66	2.43

投资可能性显著区别于现行列报方式组。表 6-5 描述性统计显示，现行列报方式组投资者投资可能性的均值为 3.93，新列报方式组的均值为 4.72，后者显著高于前者。

上述结果表明，与现行列报方式相比，盈余报告新列报方式由于披露了更有效的盈余分解信息和更具内在一致性的会计信息，提高了投资者对盈余价值相关性的感知，改变了投资者的投资可能性。这一结果支持了假设 1。

表 6-5　　　　投资者投资可能性的描述性统计

管理层 诚信度	盈余 列报方式	样本量	均值	标准差
诚信度低	现行方式	29	3.62	1.56
	新方式	30	3.77	1.65
	合计	59	3.69	1.61
诚信度高	现行方式	30	4.23	2.04
	新方式	28	5.75	1.99
	合计	58	4.97	2.16
合计	现行方式	59	3.93	1.85
	新方式	58	4.72	2.07
	合计	117	4.32	2.00

表 6-6 投资者感知的盈余价值相关性的方差分析

方差来源	离方差和	自由度	均方差	F值	P值
模型	116.415	3	38.805	7.67	0.000
管理层诚信度	68.710	1	68.710	13.58	0.000
盈余列报方式	29.224	1	29.224	5.77	0.018
管理层诚信度*盈余列报方式	21.834	1	21.834	4.31	0.040
误差	571.893	113	5.061		
合计	688.308	116	5.934		

表 6-7 投资者投资可能性的方差分析

方差来源	离方差和	自由度	均方差	F值	P值
模型	80.847	3	26.949	7.83	0.000
管理层诚信度	49.239	1	49.239	14.31	0.000
盈余列报方式	20.198	1	20.198	5.87	0.017
管理层诚信度*盈余列报方式	13.727	1	13.727	3.99	0.048
误差	388.811	113	3.441		
合计	469.658	116	4.049		

（2）管理层诚信度的调节作用检验

表 6-6 显示，对于投资者感知的盈余价值相关性，盈余报告列报方式和管理层诚信度的交互作用显著（F=4.32，P=0.040）。表 6-7 显示，对于投资者的投资可能性，盈余报告列报方式和管理层诚信度的交互作用显著（F=3.99，P=0.048）。假设 2 预测，当管理层诚信度较高时，相对于现行列报方式，新列报方式有助于提高投资者对盈余价值相

关性的感知，并改变其投资可能性；当管理层诚信度较低时，现行列报方式与新列报方式对投资者感知的盈余价值相关性和投资可能性没有显著影响。为了检验假设 2，我们对不同管理层诚信度水平下盈余报告列报方式对投资者感知的盈余价值相关性和投资可能性的影响分别进行了简单主效应分析，分析结果见表 6-8、表 6-9。

表 6-8　　　盈余列报方式对投资者感知的盈余价值相关性的简单主效应分析

管理层 诚信度	均方和	自由度	均方差	F 值	P 值
诚信度低	0.271	1	0.271	0.07	0.798
诚信度高	50.336	1	50.336	8.34	0.006

表 6-9　　　盈余列报方式对投资者投资可能性的简单主效应分析

管理层 诚信度	均方和	自由度	均方差	F 值	P 值
诚信度低	0.314	1	0.314	0.12	0.733
诚信度高	33.314	1	33.314	7.88	0.007

表 6-8 中的简单主效应分析结果显示，当管理层诚信度高时，盈余报告列报方式对投资者感知的盈余价值相关性产生了显著影响（F=8.34，P=0.006）。结合表 6-4 可以看出，当公司管理层诚信度高时，对于采用新列报方式编制的盈余报告，投资者感知的盈余价值相关性为 6.46；采用现行列报方式时，投资者感知的盈余价值相关性为 4.60，前者显著高于后者。同时，表 6-9 中的简单主效应分析结果显示，当管理层诚信度高时，盈余报告列报方式对投资者投资可能性产生了显著影响（F=7.88，P=0.007）。结合表 6-5 可以看出，当公司管理层诚信度高时，对于采用新列报方式编制的盈余报告，投资者的投资可能性为 5.75；采用现行列报方式时，投资者的投资可能性为 4.23，前者显著高于后者。以上分析证明当管理层诚信度高时，盈余列报方式对投资者感知的盈余价值相关性和投资可能性有显著影响。这一结果支持了假设 2a。

表 6-8 中的简单主效应分析结果还显示，当管理层诚信度较低时，盈余报告列报方式对投资者感知的盈余价值相关性不存在显著差异（F=0.07，P=0.798）。结合表 6-4 可以看出，当管理层诚信度较低时，现行列报方式组和新列报方式组投资者感知的盈余价值相关性的均值分别为 3.93 和 4.07，后者虽然大于前者，但差异不显著。同时，表 6-9 中的简单主效应分析结果还显示，当管理层诚信度较低时，盈余报告列报方式对投资者的投资可能性也不存在显著差异（F=0.12，P=0.733）。结合表 6-5 可以看出，管理层诚信度较低时，现行列报方式组和新列报方式组投资者投资可能性的均值分别为 3.62 和 3.77，后者虽然大于前者，但差异不显著。以上分析证明当管理层诚信度低时，盈余报告的列报方式并不影响投资者感知的盈余价值相关性和投资可能性。这可能是因为当管理层诚信度较低时，新列报方式的优势被较低的管理层诚信度所抵减，因此未能有效地发挥作用。这一结果支持了假设 2b。

上述结果说明，只有在管理层诚信度高的情况下，以新列报方式编制的盈余报告才会显著影响投资者对盈余价值相关性的感知，进而影响其最终作出的投资决策。

（3）投资者感知的盈余价值相关性的中介作用检验

假设 3 预测投资者感知的盈余价值相关性中介了盈余列报方式与投资者投资可能性之间的关系。本部分将采用中介模型加以检验。本书采用 Baron 和 Kenny（1986）的三步回归方法检验这种中介作用，我们估计了以下三个模型：

$$\text{MEDIATOR} = \alpha_0 + \alpha_1 \text{IV} + \varepsilon \tag{6-1}$$

$$\text{DV} = b_0 + b_1 \text{IV} + \delta \tag{6-2}$$

$$\text{DV} = c_0 + c_1 \text{IV} + c_2 \text{MEDIATOR} + \gamma \tag{6-3}$$

模型（6-1）、模型（6-2）中的自变量 IV 是盈余列报方式，中介变量 MEDIATOR 是投资者知道的盈余价值相关性，因变量 DV 是投资者的投资可能性。

如果中介作用存在：

首先，在模型（6-1）中，自变量 IV 一定会显著影响中介变量 MEDIATOR。

其次，在模型（6-2）中，自变量 IV 一定会显著影响因变量 DV。

除此之外，在模型（6-3）中自变量 IV 对因变量 DV 的影响一定小于在模型（6-2）中对因变量 DV 的影响，即 $c_1 < b_1$。如果自变量 IV 的系数 $c_1 < b_1$ 且在模型（6-3）中的影响不显著，则为完全中介，即在中介变量 MEDIATOR 的影响下，自变量 IV 对因变量 DV 的影响从显著变得不再显著；如果 $c_1 < b_1$ 但 IV 在模型（6-3）中的影响仍然显著，则为部分中介，即在中介变量 MEDIATOR 的影响下，自变量 IV 对因变量 DV 的显著性降低，但依然显著。

为了检验投资者感知的盈余价值相关性在盈余列报方式和投资者投资可能性之间是否具有中介作用，我们把"盈余列报方式"构造成一个虚拟变量，现行列报方式下取值为 0，新列报方式下取值为 1。

中介模型回归结果模型（6-1）表明，盈余列报方式显著影响投资者感知的盈余价值相关性（$a_1 = 0.953$，$P = 0.034$）；模型（6-2）表明，盈余列报方式显著影响投资者的投资可能性（$b_1 = 0.792$，$P = 0.033$）；模型（6-3）表明，投资者感知的盈余价值相关性显著影响其投资可能性（$c_2 = 0.820$，$P < 0.0001$），盈余列报方式对投资者投资可能性的影响不再显著（$c_1 = 0.010$，$P = 0.814$），且 $c_1 < b_1$，说明投资者感知的盈余价值相关性完全中介了盈余列报方式对投资者投资可能性的影响。在这种中介作用的影响下，盈余列报方式对投资者投资可能性的影响由显著变得不显著。分析结果如图 6-1 所示。

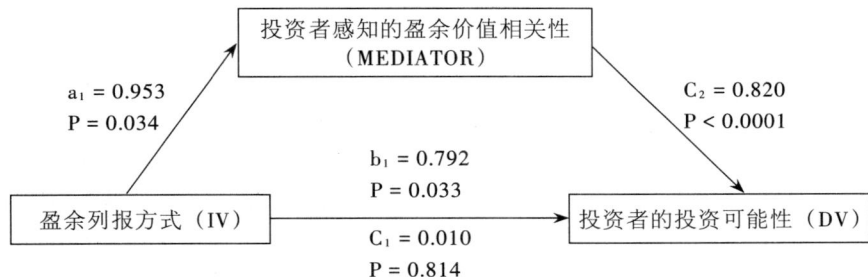

图 6-1 投资者感知的盈余价值相关性在盈余列报方式与投资可能性之间的中介模型

以上分析支持了假设 3，证实投资者感知的盈余价值相关性具有中介作用，揭示了盈余列报方式对投资者决策的作用机理。

6.5　研究结论

　　本章采用实验研究方法，分析盈余报告列报方式、管理层诚信度对投资者感知的盈余价值相关性和投资决策的影响。研究发现，相对于盈余报告现行列报方式，新列报方式有助于提高投资者对盈余价值相关性的感知，进而改变投资可能性。进一步研究发现，由于新列报方式中引入了"管理层法"，管理层诚信度将对新列报方式发挥的作用产生影响。再进一步分析发现，管理层诚信度在盈余报告列报方式与投资者感知的盈余价值相关性和投资决策之间具有调节作用。当公司管理层诚信度较高时，相对于现行列报方式，新列报方式有助于提高投资者对盈余价值相关性的感知，进而改变其投资可能性；当公司管理层诚信度较低时，盈余报告无论采用现行列报方式还是新列报方式，都不会显著影响投资者对盈余价值相关性的感知和最终作出的投资决策。通过中介检验证实，盈余列报方式对投资者投资可能性的影响是通过改变投资者对盈余价值相关性的感知来实现的。

　　上述结果表明，盈余报告新列报方式采用了科学合理的分类列报，将业务活动与财务结果间的"多因一果型模糊对应"发展为业务活动与相应资源配置及运行效率间的"一因一果型完全对应"，从而提高了盈余的价值相关性。同时，新列报方式引入了"管理层法"，在编制报表时需要更多的管理层意图和职业判断，从理论角度分析有助于提高盈余价值相关性，但从执行层面看，可能增大管理层操纵的风险，降低信息的可靠性。因此，管理层诚信度将会在盈余列报方式对投资决策的作用机制之间起到调节作用。新列报方式有效提高盈余价值相关性的前提是对"管理层法"辅以相应的配套指南，尽可能地发挥其优点，抑制其缺陷，新列报方式才有意义。

第7章 结论与展望

深入研究之后，归纳结论是必要的。本章首先对前述各章的主要研究结论进行归纳，提炼本书的研究发现，其次结合本书的局限，探索未来研究的方向。

7.1 主要研究结论

本书以盈余报告变迁为主线，研究盈余价值相关性问题。具体而言，分别考查了盈余报告实际已发生的变迁和未来可能发生的变迁对盈余价值相关性的影响。其中，对于盈余报告实际已发生的变迁，又分别从综合收益视角和营业利润视角进行了相对价值相关性研究和增量价值相关性研究。本书的研究结论如下：

第一，基于综合收益视角研究盈余报告变迁对盈余价值相关性的影响，发现在我国净利润和综合收益具有价值相关性，但前者优于后者。在进一步的分年度回归中，有证据表明其他综合收益相对于净利润具有正向增量价值相关性。上述结果显示，已有微弱的证据证明在中国资本市场综合收益的价值相关性正在逐年增强。

同时，还选取了 2009—2017 年间在沪深两市同时发行 A 股和 B 股上市公司的 738 个年度数据以及 2009—2017 年间在中国香港资本市场中 A+H 股上市公司的 588 个年度数据，采用同样的模型进行验证，发现在 A+B 股上市公司和中国香港资本市场 A+H 股上市公司中综合收益具有比净利润更高的价值相关性。这从理论上证实了综合收益的优越性。只是在我国现行条件下，受信息披露制度进程、外部资本市场监管机制、投资者捕捉信息的动机和能力限制等因素制约，综合收益的价值相关性有待进一步发挥。

第二，基于营业利润视角研究盈余报告变迁对盈余价值相关性的影响，发现已实现盈余具有更高的价值相关性，同时投资收益、公允价值变动收益和资产减值损失具有增量价值相关性。因此，建议在利润表分步式列报下，在营业利润之前增设"已实现盈余"项目。

第三，采用实验研究验证了反映业务活动与相应资源配置及运行效率的"一因一果型完全对应"式盈余报告分类列报对盈余价值相关性的影响，发现分类列报将业务活动与财务结果间的"多因一果型模糊对应"发展为业务活动与相应资源配置及运行效率间的"一因一果型完全对应"，便于使用者更清楚地判断企业的获利能力，更准确地把握发展趋势，更好地预测企业未来业绩，从而提高了盈余的价值相关性。但分类时需要引入"管理层法"，可能增加管理层操纵的风险，降低信息的可靠性。因此，分类列报方式有效提高盈余价值相关性的前提是对"管理层法"辅以相应的配套指南，尽可能地发挥"管理层法"的优点，抑制其缺陷，分类列报方式才有意义。

7.2 研究展望

针对本书研究中存在的局限，在后续研究中可以重点关注以下领域：

第一，本书的研究属于对既定现象的检验，可以事后评估，却不利于事前指导。针对以上问题，在后续研究中应加强有关盈余报告变迁的理论研究，并以理论研究成果为依据，探索更有效的盈余报告变迁方案，提高盈余价值相关性。

第二，目前有关盈余价值相关性的研究基本上只将每股净资产变量作为控制变量，但或许还存在诸如公司属性、市场环境等变量对股票价格或股票回报的影响，在后续研究中，在模型和变量设计上应考量得更加全面，以期提高研究的深度和效度。

第三，在以综合收益列报为目标的盈余报告改革之后，财政部又发布了一系列通知对营业利润的构成、净利润的分解和营业外收支的核算范围等作出修订和完善。在后续研究中，将关注这些变化对盈余价值相关性的影响。

主要参考文献

[1] ALAM P, BROWN C A. Disaggregated earnings and the prediction of ROE and stock prices: a case of the banking industry [J]. Review of Accounting and Finance, 2006(6): 443-463.

[2] BALL B H, CHOW L. The usefulness of earnings and book value for equity valuation in emerging capital markets: Evidence from listed companies in the People's Republic of China [J]. Journal of International Financial Management and Accounting, 1999(10): 85-104.

[3] BALL R, FOSTER G. Corporate financial reporting: A methodological review of empirical research [J]. Journal of Accounting Research, 1982(Supplement): 161-234.

[4] BALL R, SHIVAKUMAR L. Earnings quality in U.K. private firms: comparative loss recognition [J]. Journal of Accounting & Economics, 2005(38): 83-128.

[5] BALL R, BROWN P. An empirical evaluation of accounting income numbers [J]. Journal of Accounting Research, 1968(6): 159-178.

[6] BARTH M E. Fair value accounting: evidence from investment securities and the market valuation of banks [J]. The Accounting Review, 1994(69): 1-25.

[7]   BARTH M E, CRAM D P, NELSON K K. Accruals and the prediction of future cash flows [J]. The Accounting Review, 2001(76): 27-58.

[8]   BARTH M E, LANDSMAN W R, LANG M. International accounting standards and accounting quality [J]. Journal of Accounting Research, 2008(46): 467-498.

[9]   BARTH M E, LANDSMAN W R, LANG M, et al. Accounting quality: international accounting standards and US GAAP [D]. Working Dissertation, 2006.

[10]   BARTOV E, GOLDBERG S, KIM M. Comparative value relevance among German, U. S. and international accounting standards: a German stock market perspective [J]. Journal of Accounting Auditing and Finance, 2005(20): 95-119.

[11]   BEAVER W. Financial reporting: an accounting revolution. prentice-Hall contemporary topics in accounting series [M]. N.J.: Prentice-Hall, 1981.

[12]   BLACK D E. Other comprehensive income: a review and directions for furture research [J]. Accounting and Finance, 2016 (1): 9-45.

[13]   CHEN C J P, CHEN S, SU X. Is accounting information value-relevant in the emerging Chinese stock market [J]. Journal of International Accounting, Auditing & Taxation, 2001(10): 1-22.

[14]   DHALIWAL D, SUBRAMANYAM K R, TREZEVANT R. Is comprehensive income superior to net income as a measure of firm performance [J]. Journal of Accounting and Economics, 1999(26): 43-67.

[15]   DECHOW, DICHEV. The quality of accruals and earnings: the role of accrual estimation errors [J]. The Accounting Review, 2002(77): 35-59.

[16]   EASTON P. Accounting earnings and security valuation: empirical evidence of the fundamental links [J]. Journal of Accounting Research, 1985 (Supplement): 55-77.

[17]   ECCHER E, HEALY P. The role of international accounting standards in transitional economies: a study of the People's Republic of China [D]. Working Dissertation, 2000.

[18]   HE H, LIN Z J. Analyst following, information environment and value relevance of comprehensive income: evidence from China [J]. Asia-

Pacific Journal of Financial Studies, 2015(44): 688-720.

[19] HIRST D E, HOPKINS P E, WAHLEN J. Fair values, comprehensive income reporting, and bank analysts' risk and valuation judgments [J]. The Accounting Review, 2004, 79(2): 453-472.

[20] HIRST D E, HOPKINS P E. Comprehensive income reporting and analysts' valuation judgments [J]. Journal of Accounting Research, 1998(36): 47-75.

[21] HU D. The usefulness of financial statements under Chinese-GAAP vs IAS: evidence from the Shanghai stock exchange in PRC [D]. Working Dissertation, 2002.

[22] HUANG H W, STEVE L, RAGHUNANDAN K. The volatility of other comprehensive income and audit fees [J]. Accounting Horizons, 2016 (30): 195-210.

[23] HUANG M, SUBRAMANIAN K R. Financial statement effects of adopting international accounting standards: the case of Germany [J]. Review of Accounting Studies, 2007(12): 623-657.

[24] IASB, FASB. Preliminary views on financial statement presentation (discussion dissertation) [S]. 2008.

[25] KHAN S, BRADBURY M. The volatility of comprehensive income and its association with market risk [J]. Accounting & Finance, 2015(7): 43-95.

[26] KOLLER T, GOEDHART M, WESSELS D. Valuation: measuring and managing the value of companies [M]. NJ: John Wiley & Sons, Inc, 2005.

[27] KORMENDI R, LIPE R. Earnings innovations, earnings persistence, and stock returns [J]. The Journal of Business, 1987, 60(3): 323-345.

[28] LIPE R. The information contained in the components of earnings [J]. Journal of Accounting Research, 1986, 24(Supplement): 37-64.

[29] MAINES L, McDaniel L. Effects of comprehensive - income characteristics on nonprofessional investors' judgments: the role of financial statement presentation format [J]. The Accounting Review, 2000, 75(2): 179-207.

[30] MARK B, CAROLYN C, JACK C, et al. The American accounting association's financial reporting policy committee's response to the

preliminary views on financial statement presentation [J]. Accounting Horizons, 2010, 24(2): 279-296.

[31] MASHRUWALA C, RAJGOPAL S, SHEVLIN T. Why is the accrual anomaly not arbitraged away? The role of idiosyn cratic risk and transaction costs [J]. Journal of Accounting and Economics, 2006 (42): 3-33.

[32] MCVAY S. Earnings management using classification shifting: an examination of core earnings and special items [J]. The Accounting Review, 2006(81): 501-531.

[33] NISSIM D, PENMAN S H. Ratio analysis and equity valuation: from research to practice [J]. Review of Accounting Studies, 2001, 6 (1): 109-154.

[34] OHLSON J. Price-earnings ratios and earnings capitalization under uncertainty [J]. Journal of Accounting Research, 1983 (Spring): 141-154.

[35] SHAN, Y G. Value relevance, earnings management and corporate governance in China [J]. Emerging Markets Review, 2015(23): 186-207.

[36] STEPHEN M, THOMAS S, KARIM J, et al. Response to the financial accounting standards board's and the international accounting standard board's joint discussion dissertation entitled preliminary views on financial statement presentation [J]. Accounting Horizons, 2010, 24 (1): 149-158.

[37] WANG L, MEN R. The empirical study on the impacts of other comprehensive income disclosures on earnings management [J]. Management & Engineering, 2013(13): 8-13.

[38] 曹越，吕亦梅，张肖飞. "其他综合收益"的价值相关性及预测能力研究 [J]. 证券市场导报，2015（5）：16-24.

[39] 陈锷. 我国企业财务报表列报模式改进初探——IASB/FASB 财务报表列报修订意见的启示 [J]. 会计之友，2013（3）：18-19.

[40] 陈敏. 我国财务报表列报的变迁与评析——利润表列报的变短与评述 [J]. 会计之友，2012（35）：20-25.

[41] 陈威，丁晓梅. 从决策有用观的视角浅析其他综合收益的列报 [J]. 商业会计，2015（9）：10-12.

[42] 陈晓，陈小悦，刘钊. A股盈余报告的有用性研究：来自上海、深圳股市

的实证证据 [J]. 经济研究, 1999 (6): 21-28.

[43] 程小可, 龚秀丽. 新企业会计准则下盈余结构的价值相关性——来自沪市 A股的经验数据 [J]. 上海立信会计学院学报, 2008 (4): 36.

[44] 程小可. 上市公司盈余质量分析与评价研究 [M]. 大连: 东北财经大学出版社, 2006.

[45] 丁鑫, 陈智. 其他综合收益在财务报表中列报的改进——基于新财务报表列报准则 [J]. 财会月刊, 2015 (1): 104-105.

[46] 段敏, 孙正芳. 我国综合收益列报的现状及市场反应——以综合收益的价值相关性为视角 [J]. 山东工商学院学报, 2015 (1): 60-67.

[47] 冯海虹. 财务报告改革与财务分析体系重构的互动研究 [D]. 青岛: 中国海洋大学, 2012.

[48] 盖地, 李富君. 综合收益观下利润表要素及其列报 [C]. 中国会计学会 2013年学术年会论文集, 2013: 132-144.

[49] 盖地, 杨华. 基于全面收益理念的资产负债观及其在我国会计准则中的体现 [J]. 江西财经大学学报, 2008 (3): 20-26.

[50] 高薪云. 利润表改革对盈余质量影响的实证研究 [D]. 长春: 吉林大学, 2010.

[51] 葛家澍, 叶丰滢. 论财务报表的改进——着眼于正确处理双重计量模式的矛盾 [J]. 审计研究, 2009 (4): 3-8.

[52] 葛家澍. 试评IASB/FASB联合概念框架的某些改进——截至2008年10月 16日的进展 [J]. 会计研究, 2009 (4): 3-11.

[53] 顾水彬, 陈露. 其他综合收益列报影响股权成本吗?——基于风险与损益双重视角的检验 [J]. 山西财经大学学报, 2017 (5): 111-124.

[54] 顾小龙, 辛宇, 滕飞. 违规监管具有治理效应吗——兼论股价同步性指标的两重性 [J]. 南开管理评论, 2016 (5): 41-54.

[55] 管思琪. 企业其他综合收益列报与披露研究 [J]. 财税研究, 2017 (16): 154-155.

[56] 何建国. 其他资本公积与其他综合收益关系研究 [J]. 财会通讯, 2015 (19): 81-83.

[57] 洪剑峭, 皮建屏. 国际会计准则与中国会计准则的有用性比较 [J]. 证券市场导报, 2001 (11): 30-36.

[58] 胡聪慧, 张勇, 高明. 价格时滞、投机性需求与股票收益 [J]. 管理世界, 2016 (1): 44-53.

[59] 胡冬鸣. 其他综合收益项目分类列报理解及相关问题探讨 [J]. 商业会计, 2016 (11): 31-32.

[60]　胡向坤．我国上市公司其他综合收益披露现状研究［J］．现代商业，2015
　　　　（35）：170-171．

[61]　黄丽霞．综合收益呈报方式变化对会计信息价值影响研究［J］．财会通讯，
　　　　2014（15）：35-42．

[62]　黄政，刘怡芳．会计信息质量与股价信息含量——基于会计准则变革前后
　　　　的比较研究［J］．东北师大学报：哲学版，2016（5）：97-104．

[63]　黄志雄．其他综合收益、分析师预测与决策价值［J］．财经理论与实践，
　　　　2016（6）：63-69．

[64]　黄志雄．其他综合收益概念、结构与分类辨析［J］．会计与经济研究，
　　　　2016（6）：18-29．

[65]　纳金．美国公认会计原则指南［M］．CCH公司，译．北京：中信出版社，
　　　　2010．

[66]　江笑云．财务报表国际趋同的重大进展——IASB与FASB《财务报表列报
　　　　初步意见》之分析［J］．税务与经济，2010（3）：9-13．

[67]　荆力．上市公司综合收益信息价值相关性研究——基于2009年与2010年
　　　　数据的检验［J］．财会通讯，2012（8）：51-53．

[68]　李尚荣．综合收益价值相关性研究——兼议我国会计准则持续趋同策
　　　　略［D］．北京：财政部财政科学研究所，2012．

[69]　李晓强．国际会计准则和中国会计准则下的价值相关性比较——来自会计
　　　　盈余和净资产账面价值的证据［J］．会计研究，2004（7）：15-23．

[70]　李勇，左连凯，刘亭立．资产负债观与收入费用观比较研究：美国的经验
　　　　与启示［J］．会计研究，2005（12）：83-87．

[71]　李勇．资产负债观与收入费用观比较研究——兼论我国会计准则制定理念
　　　　选择［M］．北京：中国财政经济出版社，2006．

[72]　栗煜霞，李宏贵．上市公司季度盈余信息含量的实证研究［J］．证券市场
　　　　导报，2004（8）：21-25．

[73]　刘斌，张倩，王雷．会计弹性视角下盈余管理与我国上市公司投资效率关
　　　　系的实证研究——来自于深沪两市A股上市公司的证据［J］．中国软科学，
　　　　2015（10）：111-124．

[74]　陆正飞，张会丽．会计准则变革与子公司盈余信息的决策有用性——来自
　　　　中国资本市场的经验证据［J］．会计研究，2009（5）：20-28．

[75]　罗文，薛洪岩．财务报表列报效果分析——基于会计稳健性视角［J］．会
　　　　计之友，2010（10）：105-107．

[76]　欧阳爱平，刘仑．我国综合收益的价值相关性分析——基于沪市A股的数
　　　　据检验［J］．北京工商大学学报：社会科学版，2010（11）：38-42．

[77] 潘琰，陈凌云，林丽华. 会计准则的信息含量：中国会计准则与IFRS之比较 [J]. 会计研究，2003（7）：23-27.

[78] 彭宏超. 对我国"其他综合收益"报告新变化的探讨 [J]. 中国注册会计师，2016（2）：83-88.

[79] 钱爱民，张新民. 新准则下利润结构质量分析体系的重构 [J]. 会计研究，2008（6）：31-38.

[80] 曲晓辉，肖虹. 公允价值反思与财务报表列报改进展望 [J]. 会计研究，2010（5）：90-94.

[81] 沈洁. 对其他综合收益中未确认投资净损失会计核算的探讨 [J]. 财务与会计，2017（20）：44-45.

[82] 宋艳华. 上市公司其他综合收益列报情况分析 [J]. 财会通讯，2018（4）：25-29.

[83] 宋颖. 企业财务报表表内信息分类列报改革的研究 [D]. 厦门：厦门大学，2009.

[84] 孙爱军，陈小悦. 关于会计盈余的信息含量的研究——兼论中国股市的利润驱动特性 [J]. 北京大学学报：哲学社会科学版，2002（1）：15-27.

[85] 谭洪涛，蔡春. 新准则实施会计质量实证研究——来自A股上市公司的经验证据 [J]. 中国会计评论，2009（7）：127-156.

[86] 汤小娟，王蕾. 全面收益与净利润的信息含量差异研究 [J]. 财会通讯（综合版），2009（7）：9-12.

[87] 汪祥耀，鲍梦琦. 我国财务报表列报准则（征求意见稿）的相关比较和完善建议 [J]. 会计之友，2012（34）：16-13.

[88] 王岩. 其他综合收益会计信息相关性和可靠性的实证研究 [D]. 长春：吉林大学，2016.

[89] 王研鳕. 其他综合收益信息披露与盈余质量关系研究 [D]. 成都：西南交通大学，2017.

[90] 王艳，刘小英，翟秋玲. 其他综合收益披露会抑制上市公司的盈余管理吗——基于会计准则变迁的视角 [J]. 广东财经大学学报，2018（5）：53-69.

[91] 王艳，谢获宝. 披露其他综合收益可以给市盈率带来溢价效应吗 [J]. 会计研究，2018（4）：28-35.

[92] 王阳云. 基于准则变迁的其他综合收益价值相关性研究 [D]. 大连：东北财经大学，2017.

[93] 王玉涛，薛健，陈晓. 企业会计选择与盈余管理——基于新旧会计准则变动的研究 [J]. 中国会计评论，2009（7）：255-270.

[94] 王跃堂，李侠．财务报表列报改革及启示 [J]．审计与经济研究，2012
      (1)：48-59.

[95] 王跃堂，孙铮，陈世敏．会计改革与会计信息质量——来自中国证券市场
      的经验证据 [J]．会计研究，2001 (7)：16-16.

[96] 王仲兵．论财务报表列报方式变革：动因、挑战与趋同路径 [J]．上海立
      信会计学院学报，2010 (1)：48-53.

[97] 魏涛，陆正飞，单宏伟．非经常性损益盈余管理的动机、手段和作用研
      究——来自中国上市公司的经验证据 [J]．管理世界，2007 (1)：113-121.

[98] 温青山．基于财务分析视角的改进财务报表列报效果研究——来自中石油、
      中石化的实例检验 [J]．会计研究，2009 (10)：10-17.

[99] 肖正再．对外会计报告模式的拓展研究：基于会计的经济机制性质定
      位 [M]．北京：经济科学出版社，2009.

[100] 谢获宝，郭方醇．其他综合收益项目的盈余管理及其管控建议 [J]．财务
      与会计，2015 (4)：66-69.

[101] 谢荣等．公允价值与会计盈余的价值相关性——评新会计准则的影响 [N]．
      中国证券报，2008-03-19（A21）.

[102] 熊媛．我国其他综合收益的列报变迁 [J]．财经界：学术版，2015 (17)：
      106-107.

[103] 许文静，齐明，李欣蓓．综合收益重分类列报对股票定价影响研究——基
      于2014年列报模式变革 [J]．中国注册会计师，2017 (10)：48-52.

[104] 薛爽，赵立新，肖泽忠，等．会计准则国际趋同是否提高了会计信息的价
      值相关性 [J]．财贸经济，2008 (9)：62-67.

[105] 杨克智．其他综合收益、信息透明度与盈余管理 [J]．中央财经大学学报，
      2016 (8)：65-73.

[106] 杨伟伟，张涛．双重计量模式下我国财务报表列报改进研究 [J]．会计之
      友，2017 (3)：99-102.

[107] 杨有红，闫珍丽．其他综合收益及其列报改进是否提高了盈余透明度?——
      分析师行为及股价同步性的证据 [J]．会计研究，2018 (4)：20-27.

[108] 杨有红．综合收益：从列报走向应用 [J]．财务与会计，2015 (12)：
      10-12.

[109] 杨有红．综合收益报告及其改进 [J]．财务与会计，2016 (7)：68-70.

[110] 杨有红．综合收益相关问题研究 [J]．会计研究，2017 (5)：3-9.

[111] 姚敏．其他综合收益列报与披露研究 [D]．北京：中国财政科学研究院，
      2018.

[112] 袁淳，王平．会计盈余质量与价值相关性：来自深市的经验证据 [J]．经

济理论与经济管理，2005（5）：36-39.

[113] 张继勋，周冉，孙鹏. 内部控制披露、审计意见、投资者的风险感知和投资决策：一项实验证据［J］. 会计研究，2011（9）：66-63.

[114] 张然，张会丽. 新会计准则中合并报表理论变革的经济后果研究——基于少数股东权益、少数股东损益信息含量变化的研究［J］. 会计研究，2008（12）：39-46.

[115] 张云，赵艳. 其他综合收益与非经常性损益价值相关性的比较研究［J］. 广东财经大学学报，2015（3）：74-85.

[116] 赵艳，刘玉冰. 关于综合收益的风险相关性研究——基于我国A股上市公司［J］. 财会月刊，2017（36）：28-37.

[117] 赵宇龙. 会计盈余披露的信息含量——来自沪市经验数据［J］. 经济研究，1998（7）：41-49.

[118] 只建克，高建华. IASB/FASB《财务报表列报初步意见》征求意见稿的反馈意见分析［J］. 财会月刊，2010（8）：83-84.

[119] 朱朝晖，许文瀚. 管理层语调是否配合了盈余管理行为［J］. 广东财经大学学报，2018（1）：86-98.

[120] 朱莲美. IASB/FASB"关于财务报表列报的初步观点"征求意见稿之评价［J］. 财会月刊，2010（7）：16-17.

附录

附录1　我国盈余报告样表汇总
（斜体部分表示变化点）

附表 1-1

利润表

会合工 02 表

项目	本期数	本年累计数	上年同期累计数
产品销售收入			
其中：出口产品销售收入			
减：产品销售税金			
产品销售成本			
其中：出口产品销售成本			
产品销售毛利			
减：销售费用			
管理费用			
财务费用			
其中：利息支出（减利息收入）			
汇兑损失（减汇兑收益）			
产品销售利润			
加：其他业务利润			
营业利润			
加：营业外收入			
减：营业外支出			
利润总额			

注：见《中外合资经营工业企业会计科目和会计报表》，财会字〔1985〕第 23 号。

附表 1-2

利润表

会外工 02 表

项目	本期数	本年累计数	上年同期累计数
产品销售收入			
其中：出口产品销售收入			
减：销售折扣与折让			
产品销售净额			
减：产品销售税金			
产品销售成本			
其中：出口产品销售成本			
产品销售毛利			
减：销售费用			
管理费用			
财务费用			
其中：利息支出（减利息收入）			
汇兑损失（减汇兑收益）			
产品销售利润			
加：其他业务利润			
营业利润			
加：营业外收入			
减：营业外支出			
利润总额			

注：见《外商投资工业企业会计科目和会计报表》，财会字〔1992〕第 25 号。

附表 1-3　损益表　会工 02 表

项目	本月数	本年累计数
一、产品销售收入		
减：产品销售成本		
产品销售费用		
产品销售税金及附加		
二、产品销售利润		
加：其他业务利润		
减：		
管理费用		
财务费用		
三、营业利润		
加：投资收益		
补贴收入		
营业外收入		
减：营业外支出		
四、利润总额		
减：所得税		
五、净利润		

注：见《工业企业会计制度》，财会字〔1992〕第67号。

附表 1-4　利润表　会股 02 表

项目	本月数	本年累计数
一、主营业务收入		
减：折扣与折让		
主营业务收入净额		
减：主营业务成本		
主营业务税金及附加		
二、主营业务利润		
加：其他业务利润		
减：存货跌价损失		
减：营业费用		
管理费用		
财务费用		
三、营业利润		
加：投资收益		
补贴收入		
营业外收入		
减：营业外支出		
四、利润总额		
减：所得税		
五、净利润		

注：见《股份有限公司会计制度》，财会字〔1998〕第7号。

附表 1-5　利润表　会企 02 表

项目	本月数	本年累计数
一、主营业务收入		
减：主营业务成本		
主营业务税金及附加		
二、主营业务利润		
加：其他业务利润		
减：营业费用		
管理费用		
财务费用		
三、营业利润		
加：投资收益		
补贴收入		
营业外收入		
减：营业外支出		
四、利润总额		
减：所得税		
五、净利润		

注：见《企业会计制度》，财会〔2000〕第25号。

附表 1-6　利润表

项目	本期金额	上期金额
一、营业收入		
减：营业成本		
营业税金及附加		
销售费用		
管理费用		
财务费用		
资产减值损失		
加：公允价值变动收益		
投资收益		
其中：对合营企业和联营企业的投资收益		
二、营业利润		
加：营业外收入		
减：营业外支出		
其中：非流动资产处置损失		
三、利润总额		
减：所得税费用		
四、净利润		
五、每股收益：		
（一）基本每股收益		
（二）稀释每股收益		

注：见《企业会计准则第30号——财务报表列报》，财会字〔2006〕第3号。

附表 1-7　利润表

项目	本期金额	上期金额
一、营业收入		
减：营业成本		
营业税金及附加		
销售费用		
管理费用		
财务费用		
资产减值损失		
加：公允价值变动收益		
投资收益		
其中：对合营企业和联营企业的投资收益		
二、营业利润		
加：营业外收入		
减：营业外支出		
其中：非流动资产处置损失		
三、利润总额		
减：所得税费用		
四、净利润		
五、每股收益：		
（一）基本每股收益		
（二）稀释每股收益		
六、其他综合收益		
七、综合收益总额		

注：见《企业会计准则解释第3号》，财会字〔2009〕第8号。

附表 1-8 利润表

项目	本期金额	上期金额
一、营业收入		
减：营业成本		
营业税金及附加		
销售费用		
管理费用		
财务费用		
资产减值损失		
加：公允价值变动收益		
投资收益		
其中：对合营企业和联营企业的投资收益		
二、营业利润		
加：营业外收入		
其中：非流动资产处置利得		
减：营业外支出		
其中：非流动资产处置损失		
三、利润总额		
减：所得税费用		
四、净利润		
五、其他综合收益的税后净额		
(一) 以后不能重分类进损益的其他综合收益		
1.重新计量设定受益计划净负债或净资产的变动		
2.权益法下在被投资单位不能重分类进损益的其他综合收益中享有的份额		
⋮		
(二) 以后将重分类进损益的其他综合收益		
1.权益法下在被投资单位以后将重分类进损益的其他综合收益中享有的份额		
2.可供出售金融资产公允价值变动份额		
3.持有至到期投资重分类为可供出售金融资产损益		
4.现金流量套期损益的有效部分		
5.外币财务报表折算差额		
⋮		
六、综合收益总额		
七、每股收益：		
(一) 基本每股收益		
(二) 稀释每股收益		

注：见《企业会计准则第30号——财务报表列报》，财会字〔2014〕第7号。

附表 1-9   **利润表**

项目	本期金额	上期金额
一、营业收入		
减：营业成本		
税金及附加		
销售费用		
管理费用		
财务费用		
资产减值损失		
加：公允价值变动收益		
投资收益		
其中：对合营企业和联营企业的投资收益		
资产处置收益		
其他收益		
二、营业利润		
加：营业外收入		
减：营业外支出		
三、利润总额		
减：所得税费用		
四、净利润		
（一）持续经营净利润		
（二）终止经营净利润		
五、其他综合收益的税后净额		
（一）以后不能重分类进损益的其他综合收益		
1.重新计量设定受益计划净负债或净资产的变动		
2.权益法下在被投资单位不能重分类进损益的其他综合收益中享有的份额		
⋮		
（二）以后将重分类进损益的其他综合收益		
1.权益法下在被投资单位以后将重分类进损益的其他综合收益中享有的份额		
2.可供出售金融资产公允价值变动份额		
3.持有至到期投资重分类为可供出售金融资产损益		
4.现金流量套期损益的有效部分		
5.外币财务报表折算差额		
⋮		
六、综合收益总额		
七、每股收益：		
（一）基本每股收益		
（二）稀释每股收益		

注：见财会字〔2017〕第30号，以非金融企业为例。

附表 1-10   **利润表**

项目	本期 金额	上期 金额
一、营业收入		
减：营业成本		
税金及附加		
销售费用		
管理费用		
研发费用		
财务费用		
其中：利息费用		
利息收入		
资产减值损失		
加：其他收益		
投资收益		
其中：对合营企业和联营企业的投资收益		
公允价值变动收益		
资产处置收益		
二、营业利润		
加：营业外收入		
减：营业外支出		
三、利润总额		
减：所得税费用		
四、净利润		
（一）持续经营净利润		
（二）终止经营净利润		
五、其他综合收益的税后净额		
（一）不能重分类进损益的其他综合收益		
1.重新计量设定受益计划变动额		
2.权益法下不能转损益的其他综合收益		
⋮		
（二）将重分类进损益的其他综合收益		
1.权益法下可转损益的其他综合收益		
2.可供出售金融资产公允价值变动损益		
3.持有至到期投资重分类为可供出售金融资产损益		
4.现金流量套期损益的有效部分		
5.外币财务报表折算差额		
⋮		
六、综合收益总额		
七、每股收益：		
（一）基本每股收益		
（二）稀释每股收益		

　　注：见财会字〔2018〕第15号，以尚未执行新金融工具准则和新收入准则的非金融企业为例，已执行新金融准则或新收入准则的企业利润表格式略。

附录 2 实验材料

在第 6 章实验研究中，一份完整的实验材料由四部分组成：信息 A——MN 公司基本情况、信息 B——MN 公司 T 年度盈余报告、信息 C——MN 公司近三年有关重要会计估计准确性的披露和信息 D——MN 公司 T 年度财务报表审计报告。

为实现对盈余报告列报方式的控制，"信息 B——MN 公司 T 年度盈余报告"有现行列报方式和新列报方式两种。在按不同列报方式提供 MN 公司年度财务报表时，因新列报方式采用"管理层法"确定资产和负债的类别，为保证所提供报表的客观性和准确性，新列报方式下的盈余报告（即综合收益表）直接取自《财务报表列报的初步意见（征求意见稿）》中的实例 1。然后作者再依据《企业会计准则解释第 3 号》的相关要求，将新列报方式下的盈余报告转换成现行列报方式。

为实现对公司管理层诚信度的控制，本书借鉴张继勋、张丽霞（2012）研究结论：投资者在获得了公司会计估计不准确的信息后，会归因于行为主体的属性，即公司管理层诚信低；投资者只有在获得了公司会计估计准确而同行业其他公司会计估计不准确的信息情况下，才可能将会计估计准确性归因于管理层诚信，并对管理层给予较高的评价。因此，本部分通过向被试提供的"信息 C——MN 公司近三年有关重要会计估计准确性的披露"，分估计准确和估计不准确两种情况，以实现对公司管理层诚信度的控制。

通过对以上信息的组合，共得到四组不同的实验材料（见附表 2-1）。每组实验材料各 30 份，总计 120 份，实验开始后根据随机化分组的结果将实验材料发放给被试。

附表 2-1　　　　　　　　　　　　实验材料构成

	MN公司盈余报告按现行方式列报	MN公司盈余报告按新方式列报
MN公司 会计估计 准确	第一组实验材料 （信息A、信息B、信息C、信息D）	第二组实验材料 （信息A、信息B、信息C、 信息D）
MN公司 会计估计 不准确	第三组实验材料 （信息A、信息B、信息C、信息D）	第四组实验材料 （信息A、信息B、信息C、 信息D）

信息 A：MN 公司基本情况

MN 公司是重型机床的制造商和营销商，拥有与生产能力相匹配的场地、设备和资源；已在全国各地设立销售大区及营销中心，对市场进行管理。公司业务存在比较广阔的市场前景，公司一直保持稳健的经营策略，本着客户市场需求原则，不断开发和更新产品，拓展市场、创造持续增长的盈利能力，逐渐锻炼锐利的市场前瞻能力，动态把握发展趋势，适时调整战略方案，制定快速有效对策，保证公司利益最大化。MN 公司近三年主要财务数据和财务指标见附表 2-2。

附表 2-2　　　　MN 公司近三年主要财务数据和指标　　　　金额单位：元

	T-2年度	T-1年度	T年度
总资产	7 580 252	7 219 968	6 928 952
营业收入	3 487 600	3 239 250	3 027 336
净利润	538 469	448 039	378 091
每股收益	0.37	0.32	0.29
总资产收益率	7.10%	6.21%	5.80%
净资产收益率	20.02%	21.03%	18.85%

信息 B：MN 公司 T 年度盈余报告

（一）现行列报方式下的盈余报告

MN 公司 T 年度经审计的利润表（见附表 2-3）：

附表 2-3　　　　　　　　　　　**利润表**

编制单位：MN 公司　　　　　　　T 年度　　　　　　　　　　单位：元

项　　目	本期金额	上期金额
一、营业收入	3 487 600	3 239 250
减：营业成本	1 969 425	1 828 603
税金及附加		
销售费用	153 268	130 034
管理费用	494 189	459 200
财务费用	102 733	104 750
资产减值损失	4 987	37 058
加：公允价值变动收益（损失以"−"号列示）		
投资收益（损失以"−"号列示）	107 506	86 450
其中：对联营企业与合营企业的投资收益	31 260	25 250
二、营业利润（损失以"−"号列示）	870 504	766 055
加：营业外收入	22 650	
减：营业外支出	32 400	35 000
三、利润总额（损失总额以"−"号列示）	860 754	731 055
减：所得税费用	322 285	283 016
四、净利润（净损失以"−"号列示）	538 469	448 039
五、每股收益：		
（一）基本每股收益	0.37	0.33
（二）稀释每股收益	0.36	0.32
六、其他综合收益	23 361	14 173
七、综合收益总额	561 830	462 212

（二）新列报方式下的盈余报告

MN 公司 T 年度经审计的综合收益表（见附表 2-4）：

附表 2-4 综合收益表

编制单位：MN 公司　　　　　　　　T 年度　　　　　　　　　　单位：元

项　目	本期金额	上期金额
一、业务		
（一）经营活动		
销售收入	3 487 600	3 239 250
减：销售成本	1 969 425	1 828 603
税金及附加		
销售费用	153 268	130 034
管理费用	494 189	459 200
其他经营活动收益		
享有联营 A 公司利润的份额	23 760	22 000
固定资产处置的利得	22 650	
现金流量套期实现利得	3 996	3 700
应收账款损失	−4 987	−2 025
商誉的减值损失		−35 033
经营收益净额	916 137	810 055
（二）投资活动		
可供出售金融资产实现的利得（短期）	18 250	7 500
享有联营 B 公司利润的份额	7 500	3 250
股利收益	54 000	50 000
投资收益总额	79 750	60 750
业务收益总额	995 887	870 805
二、融资		
现金利息收益	8 619	5 500
利息费用	−111 352	−110 250
融资费用净额	−102 733	−104 750
三、所得税		
所得税费用	−333 625	−295 266
四、终止经营		
本年终止经营的损失	−32 400	−35 000
税收收益	11 340	12 250
终止经营的净损失	−21 060	−22 750
净利润	538 469	448 039
基本每股收益	0.37	0.33
稀释每股收益	0.36	0.32
五、本年其他综合收益（税后净额）		
其他综合收益总额	23 361	14 173
综合收益总额	561 830	462 212

注：MN 公司采用"管理层法"对资产、负债进行分类。

信息 C：MN 公司有关重要会计估计准确性的披露

（一）会计估计准确

MN 公司为重型机床的生产和销售企业，对购买其产品的消费者作出如下承诺：机床售出后 3 年内如出现非意外事件造成的机床故障和质量问题，本公司免费负责保修（含零部件更换）。对预计发生的保修费作出估计对 MN 公司是重要的，因为其直接决定了资产负债表上预计负债的数额，以及盈余报告上销售费用的数额。过去三年，MN 公司对保修费作出了估计。

现根据会计披露新的规定，MN 公司提供了过去三年保修费的估计金额和实际发生金额，见附表 2-5。

附表 2-5　　　　　**MN 公司有关保修费的披露**　　　　金额单位：元

保修费	T-3 年度	T-2 年度	T-1 年度	T 年度
估计金额	830 000	960 000	110 000	—
实际发生金额	—	902 000	103 600	118 200
偏差程度		8.67%	−7.92%	7.45%

MN 公司在过去的三年里对保修费的估计是准确的，其偏差程度在估计金额的 10% 以内，且方向有正有负。而同行业其他公司对该会计估计偏差程度平均在 80%。

（二）会计估计不准确

MN 公司为重型机床的生产和销售企业，对购买其产品的消费者作出如下承诺：机床售出后 3 年内如出现非意外事件造成的机床故障和质量问题，本公司免费负责保修（含零部件更换）。对预计发生的保修费作出估计对 MN 公司是重要的，因为其直接决定了资产负债表上预计负债的数额，以及盈余报告上销售费用的数额。过去三年，MN 公司对保修费作出了估计。

现根据会计披露新的规定，MN 公司提供了过去三年保修费的估计金额和实际发生金额，见附表 2-6。

附表 2-6　　　　　　**MN 公司有关保修费的披露**　　　　金额单位：元

保修费	T-3年度	T-2年度	T-1年度	T年度
估计金额	300 000	340 000	380 000	—
实际发生金额	—	913 000	102 500	118 200
偏差程度		204%	201%	211%

　　MN 公司在过去的三年里对保修费的估计是十分不准确的，其偏差程度均在估计金额的 2 倍以上，而且方向都是相同的，都是低估负债也低估费用收益。

信息 D：MN 公司 T 年度财务报表审计报告

审计报告

中 A 审字〔T〕110001

MN 股份有限公司全体股东：

　　一、审计意见

　　我们审计了 MN 股份有限公司（以下简称贵公司）的财务报表，包括 T 年 12 月 31 日的资产负债表和 T 年度的利润表、现金流量表、股东权益变动表以及相关财务报表附注。

　　我们认为，后附的财务报表在所有重大方面按照企业会计准则的规定编制，公允反映了贵公司 T 年 12 月 31 日的财务状况以及 T 年度的经营成果和现金流量。

　　二、形成审计意见的基础

　　我们按照中国注册会计师审计准则的规定执行了审计工作。审计报告的"注册会计师对财务报表审计的责任"部分进一步阐述了我们在这些准则下的责任。

　　按照中国注册会计师职业道德守则，我们独立于贵公司，并履行了职业道德方面的其他责任。我们相信，我们获取的审计证据是充分、适当的，为发表审计意见提供了基础。

　　三、关键审计事项

　　关键审计事项是我们根据职业判断，认为对本期财务报表审计最为重要的事项。这些事项的应对以对财务报表整体进行审计并形成审计意见为背景，我们不对这些事项单独发表意见。

收入确认

1. 事项描述

如报告附注所述，T 年度，贵公司营业收入 348.76 万元，为贵公司关键业绩指标之一，且其中产品多样化、客户多元化，管理层在产品销售收入方面可能存在重大错报风险，因此我们将产品销售收入作为关键审计事项。

2. 审计应对

我们执行的审计应对程序主要包括：对于产品销售收入，我们了解、评估了管理层对贵公司自销售订单审批至销售收入入账的销售流程中的内部控制的设计，并测试了关键控制执行的有效性；我们通过抽样检查销售合同及与管理层的访谈，对与产品销售收入确认有关的重大风险及报酬转移时点等进行了分析评估，进而评估贵公司产品销售收入的确认政策；我们采用抽样方式，检查与收入确认相关的支持性文件，包括销售合同、订单、销售发票、出库单、产品运输单、签收单、验收单等；针对资产负债表日前后确认的销售收入核对出库单、客户签收单及其他单证等支持性文件，以评估销售收入是否在恰当的期间确认。

四、其他信息

贵公司管理层对其他信息负责。其他信息包括贵公司 T 年年度报告中涵盖的信息，但不包括财务报表和我们的审计报告。

我们对财务报表的审计意见不涵盖其他信息，我们也不对其他信息发表任何形式的鉴证结论。

结合我们对财务报表的审计，我们的责任是阅读其他信息，在此过程中，考虑其他信息是否与财务报表或我们审计中了解到的情况存在重大不一致或者似乎存在重大错报。

基于我们已经执行的工作，如果我们确定其他信息存在重大错报，我们应当报告该事实。在这方面，我们无任何事项需要报告。

五、管理层和治理层对财务报表的责任

贵公司管理层（以下简称管理层）负责按照企业会计准则的规定编制财务报表，使其实现公允反映，并设计、执行和维护必要的内部控制，以使财务报表不存在由于舞弊或错误导致的重大错报。

在编制财务报表时，管理层负责评估贵公司的持续经营能力，披露与持续经营相关的事项（如适用），并运用持续经营假设，除非管理层计划清算贵公司、终止运营或别无其他现实的选择。

治理层负责监督贵公司的财务报告过程。

六、注册会计师对财务报表审计的责任

我们的目标是对财务报表整体是否不存在由于舞弊或错误导致的重大错报获取合理保证，并出具包含审计意见的审计报告。合理保证是高水平的保证，但并不能保证按照审计准则执行的审计在某一重大错报存在时总能发现。错报可能由于舞弊或错误导致，如果合理预期错报单独或汇总起来可能影响财务报表使用者依据财务报表作出的经济决策，则通常认为错报是重大的。

在按照审计准则执行审计工作的过程中，我们运用职业判断，并保持职业怀疑。同时，我们也执行以下工作：

（一）识别和评估由于舞弊或错误导致的财务报表重大错报风险，设计和实施审计程序以应对这些风险，并获取充分、适当的审计证据，作为发表审计意见的基础。由于舞弊可能涉及串通、伪造、故意遗漏、虚假陈述或凌驾于内部控制之上，未能发现由于舞弊导致的重大错报的风险高于未能发现由于错误导致的重大错报的风险。

（二）了解与审计相关的内部控制，以设计恰当的审计程序，但目的并非对内部控制的有效性发表意见。

（三）评价管理层选用会计政策的恰当性和作出会计估计及相关披露的合理性。

（四）对管理层使用持续经营假设的恰当性得出结论。同时，根据获取的审计证据，就可能导致对贵公司持续经营能力产生重大疑虑的事项或情况是否存在重大不确定性得出结论。如果我们得出结论认为存在重大不确定性，审计准则要求我们在审计报告中提请报表使用者注意财务报表中的相关披露；如果披露不充分，我们应当发表非无保留意见。我们的结论基于截至审计报告日可获得的信息。然而，未来的事项或情况可能导致贵公司不能持续经营。

（五）评价财务报表的总体列报、结构和内容(包括披露)，并评价财务报表是否公允反映相关交易和事项。

（六）就贵公司中实体或业务活动的财务信息获取充分、适当的审计证据，以对财务报表发表审计意见。我们负责指导、监督和执行集团审计，并对审计意见承担全部责任。

我们与治理层就计划的审计范围、时间安排和重大审计发现等事项进行沟通，包括沟通我们在审计中识别出的值得关注的内部控制缺陷。

我们还就已遵守与独立性相关的职业道德要求向治理层提供声明，并与治理层沟通可能被合理认为影响我们独立性的所有关系和其他事项，以及相关的防范措施（如适用）。

从与治理层沟通过的事项中，我们确定哪些事项对本期财务报表审计最为重要，因而构成关键审计事项。我们在审计报告中描述这些事项，除非法律法规禁止公开披露这些事项，或在极少数情形下，如果合理预期在审计报告中沟通某事项造成的负面后果超过在公众利益方面产生的益处，我们确定不应在审计报告中沟通该事项。

中 A 会计师事务所有限公司   中国注册会计师：李甲

中国注册会计师：王乙

中国　北京   T+1 年 3 月 2 日